ライナー・ノーツってなんだ!?

かまち潤…著

アルファベータ
ブックス

サイモン&ガーファンクル
イン・セントラルパーク

SIMON AND GARFUNKEL
THE CONCERT IN CENTRAL PARK

目次

まえがき ……………… 005

Ⅰ ライナー・ノーツってなんだ!? ……………………………… 009

Ⅱ ポピュラー音楽の老舗、アメリカのアルバム・ジャケットとライナー・ノーツの歩み ……………… 017

Ⅲ 海外と日本のライナー・ノーツの違い、その独自の魅力 ………………………………………………… 029

Ⅳ ライナー・ノーツの潜在力=魅力 ……………………… 041

Ⅴ ライナー・ノーツの特権と、ここでしか公表されない貴重な資料 ……………… 053

Ⅵ 自分が作ったオリジナル・データの掲載もライナー・ノーツで ……………………… 059

Ⅶ 日本のライナー・ノーツの魅力=暗黙の条件 ………… 063

Ⅷ ライナー・ノーツは必要か、否か ……………………… 071

IX かまち潤のライナー・ノーツ
   （未発表作品を含む） ………………………… 081

1 サイモン＆ガーファンクル
  『イン・セントラルパーク』 ………………………… 082
2 セルジオ・メンデスとブラジル'66
  『マシュ・ケ・ナダ』 ………………………………… 088
3 ビー・ジーズ
  『チルドレン・オブ・ザ・ワールド』 ……………… 093
4 リンダ・ロンシュタット
  『リンダ・ロンシュタット・ウィズ・グレ
  ン・フライ／ランディ・マイズナー／
  ドン・ヘンリー』 …………………………………… 099
5 ディオン
  『ルビー・ベイビー』 ………………………………… 104
6 ダイアナ・ロス＆スプリームス
  『またいつの日にか』 ……………………………… 115
7 ロイ・オービソン
  『オービソングス』 …………………………………… 121
8 ジョー・コッカー
  （※日本未発表作品） ……………………………… 133
9 オールマン・ブラザーズ・バンド
  『オールマン・ブラザーズ・バンド』 ……………… 141
10 ザ・ビートルズ
  『ザ・ビートルズ　ザ・ファースト
  U. S. ヴィジット』 …………………………………… 145
11 ザ・バンド
  『ミュージック・フロム・ビッグ・ピンク』 ………… 150

X かまち潤が書いた
   主なライナー・ノーツ一覧 ………………………… 155

まえがき

　もうかれこれ30数年前ぐらいになると思うが、「レコードのライナー・ノーツ」の本を書かないかという提案が、某出版社の編集者からあった。当時は漠然と、面白いかもしれないと思いつつ、相手のペースにのせられ、内容からページの構成など、その編集者と幾度も打合せを重ね、いざ出版かというぐらいまで話が進んだ。しかしながら、この世界では糠喜び的な話半分のことは珍しくなく、その後なんとなくうやむやになり、本の企画は消えた。

　以後出版の機会は増えたが、一度立ち消えになった「ライナー・ノーツ」の本の話を持ち出す気はなく、むしろ忘れかけていた。ところが面白いというか、妙なめぐりあわせとでもいうべきか、突然、某編集者から新たに「ライナー・ノーツ」本の話が持ち出された。まさかまさかである。

　以前の企画書や打合せメモなどの書類を探し出して、今回可能な章立てに変えて書き出した本がこれだ。なにぶんにも以前の企画時は、アナログ・レコードやオーディオ機器が全盛期、音楽もロック華やかなりし時代。FM放送や雑誌も人気があり、現在とはまったく異なる状況だった。

　輸入、国内盤ともレコードがよく売れ、音楽番組のエアチェックが盛んに行われていた。そういう社会背景で書くレコードのライナー・ノーツと、ヒット曲や流行がなく、米英音楽も低迷状況の現CD時代とでは、あまりにも違いが大きすぎる。

　もちろん時代の推移や音楽の流行により、レコードのライナー・ノーツになんら変わることはない。それよりもむしろ、音楽ファンがライナー・ノーツをどのようにとらえているかが、気になる点である。ライナー・ノーツの究極の存在意義なり、価値がそこにある。

かつてレコードのライナー・ノーツは執筆者、音楽ファンの双方にとり、憧れと、愛着というか思い入れがあったが、現代のそれは書き手と読み手の間に妙な距離感がある。なぜ、どうしてそうなったのか。ライナー・ノーツの存在、意義が揺らいでいる。

　音楽好きだからうらやみ、そういう立場に憧れ、いつか自分もと思いライナー・ノーツを書くようになった。しかし、現実は思うにまかせず、マニュアルやハウ・トゥ本もなく、実際、過去現在、私も含めライナー・ノーツを書く機会に恵まれた人達に「こうすればいい」という共通の公式なり、項目はない。各人が得た機会はバラバラだ。

　それへの他の筆者の考えや思い入れは不明だが、私個人は特別の感がある。憧れて、一度は書きたいという思いを実現し、そして現在に至るまで、まさにライナー・ノーツは私の音楽著述業における出発点、基礎、さらにはかけがえのない軌跡である。数々のライナー・ノーツを書くことで、資料の使い方、文章の配分、反省すべき自分の欠点など、多くのことを学び、そして多少なりとも筆力の向上にもつながったと思う。書く前は考えもしなかった自分の仕事史の断片を、くしくも振り返ることにもなってしまった。

　いまこうして、あらためてライナー・ノーツについて私個人の思いをめぐらすと、記憶のなかには数多くの書く機会を与えてくれたビデオやレコード各社の、ディレクター達ひとりひとりの顔と名前が浮かぶ。

　長きにわたり、地味な音楽著述の仕事を続けてこられたのも、ライナー・ノーツとそれを書く機会を与えていただいた多くのディレクター達のお陰といっても過言ではありません。いまここに一人ずつ名前は記せないが、彼らとの長年の仕事の積み重ねがあったから、本著を書くという機会にもめぐりあえたと思います。

まえがき

　あらためて彼らに、そして本著を書くことをすすめてくれた若く好奇心旺盛で意欲的な、編集者の春日氏にも心から感謝致します。

2017年2月　かまち潤

I

ライナー・ノーツってなんだ!?

はじめて自分の小遣いでシングル・レコードを購入した時からそうだった。解説や英文の歌詞を印刷した紙一枚のカードが付いていた。以来それが当たり前と思っていたが、やがてそれは違う、特別なことだと気づかされる。

　そうなんだ、日本国内で入手するメイド・イン・ジャパンの洋楽のアルバムやシングル盤はユーザーがどう思おうと関係なく、解説、あるいは作品やアーティストの紹介文、歌詞やその対訳まで付いている。海外のレコードよりはるかに、ユーザーには過剰なサービスである。

　海外に比べ、このやや度がすぎた親切心が、ある時期までは日本の音楽ファンには、むしろとても頼りになる心強い情報源、資料だったのである。なぜならこの過剰なサービスのライナー・ノーツが現在に至る日本でのポピュラー音楽の普及と発展にひと役買ったからだ。

　しかしながら、ポピュラー音楽の盛んなアメリカやイギリスには一部の例外を除き、このようなライナー・ノーツはない（後述するが、これには日本と海外とのそれの解釈、意義の違いがある）。その日本でのポピュラー音楽の普及と発展に貢献した国内盤のライナー・ノーツは、高価なレコードだからこそのサービス＝特典と音楽の人気拡大、さらには商品の拡販を狙った気の利いた戦略とも解釈できる。

　新旧の輸入盤を入手する機会が増えた60年代末期以降、それと日本盤の大きな違いに否応なく気づかされる。それは日本人が慣れ親しんだ紹介文、解説文＝ライナー・ノーツがポピュラー音楽の本場のアメリカやイギリスのレコードではほとんど見かけないことだ。

　これはアナログ・レコード時代の話だが、シングル盤では米英ともレコード会社名を印刷、または無地の紙袋に入った味気ない商品が通常である。あるいはアーティストの写真がプリントされたピク

チャー・スリーヴスの袋に入った特殊なシングル盤も一部にはあるが、日本のような解説文や歌詞が付いたレコードはない。

　アルバムや4曲入りコンパクトもシングル盤ほどそっけなくはないが、レコードに関する紹介文や作品、アーティストについての丁寧なデータは、ごくまれに一部を除けば目にしたことはない。例外として、輸入盤でもデータを重視する傾向が強い伝統的なジャズだけは、ポップスやロックより有効な解説文が付いていることもある。

　余談になるが、日本独特のポピュラー・レコードに付いた平仮名やカタカナ表記の帯も、これもまた海外のレコード収集家からみれば理解不能な珍しさがあるようだ。シングル盤のビニール袋や簡単な解説文付き歌詞カード、アルバムの裏面、またはジャケットにおさめられた一枚、あるいは複数の紙に刷られた紹介文やデータ、ビニール袋等も、わが国ならではの習慣、サービスのなせる技である。

　かたやポピュラー音楽の本場のアメリカでは、レコード(シングル盤)は低価格でお手軽な大量消耗品ということで、日本のように過剰なサービスはなく、ユーザーも取り立てて気にはしていないようだ。

　アメリカではアイドル歌手の場合はカラー・ポスターが付いていたり、60年代前半のサーフィン・ブームの時に、それらのアルバムに付録のシングル盤が付いていたものがあったくらいで、日本的なライナー・ノーツや帯、ビニールの袋もない。破けば袋の役目も果たさないファクトリーシールにステッカーが貼り付けられた程度だ。

　ただし、アメリカでもアルバムが飛ぶようには売れなかった63年頃までは、ファクトリーシールではなく、ジャケットより大きめの、余った部分にミシン線が入り、容易に切って使用可能なビニー

ル袋がレコードに付いていた。

　それらの特典やサービスは、レコードの発売期間や特定のアーティストに限られたもので、稀にしかない。アメリカとのサービスの違いはともかく、海外にはないこの日本独自のライナー・ノーツや帯、ビニール袋が、国内でのポピュラー・レコードを魅力的な商品にしたことは確かだ。むかしから国内のレコードは価格が高いといわれ続けているが、あらためて洋盤と異なるこのサービスの恩恵を考えれば納得することもやむなしである。

　さてその日本独特のサービス、『Liner』とは、テープやレコードなどの録音品にそえる説明文、『Note』とは、注釈という意味である。だがその内容、実態は、繰り返すが、アメリカ(米ではアルバム・ノーツ、この詳しい説明は後述)と日本をくらべても大きく異なる。レコードやCDを買えば付いてくるのがあたりまえという日本の洋楽ファンには、それが海外の盤と違っていてもなんとも思わない(他国の状況を知らないのだから)。

　おなじアーティストやレコードも、発売される国が違えばライナー・ノーツの存在価値やその意義もさまざまだ。言葉の意味の解釈ともその内容は異なってくる。

　それは対象となる音楽やアーティストの出身地、活動している国の違いや、世界の他の地域での人気度でも事情は大きく異なる。ひいてはそれがアーティストの発売する作品に付くライナー・ノーツの内容にも関係してくるのである。

　わかりやすくいえば、日本国内で発売される海外アーティストの作品には必ずライナー・ノーツが付いている。だが、Jポップ、歌謡曲、演歌などの国内アーティストの作品には帯や歌詞は洋楽商品同様に付いても、解説文等のライナー・ノーツは付かない。奇妙だとは思わないか？　それが前述した音楽やアーティストが自国か、他国かで、ライナー・ノーツの有無の違いになる。

I ライナー・ノーツってなんだ!?

　ひとまずここでは海外のアーティスト、洋楽はおいておくとして、国内のJポップや歌謡曲には、なぜライナー・ノーツが付いていないのかを説明しょう。これはアメリカやイギリスなどの国内事情とも一致する。どこの国でも自国で活動するアーティストはさまざまなメディアを通じて情報が数多く提供される。コンサートやレコーディングに関するニュースはもとより、些細な個人的な情報も知ることが可能だ。さらに特定のアーティストのファン・クラブに入会していればもっと細かい情報も得ることができる。

　よってレコードやCDに洋楽＝海外アーティストと同等の、解説や紹介文のライナー・ノーツは必要ない。したがって歌詞や特典のポスターなどが付くことが多い。これは近年はじまったことではなく、最近ではアイドルの握手権や収録曲は同じでもいくつかのデザイン違いのジャケットだったり、また簡単な初回特典グッズを付けるなどの多彩な手法がとられている。

　国内作品については、過去を振り返ってもわずかな例外を除けば、ライナー・ノーツは付かないし、付いても洋楽のようなアーティストのバイオグラフィやレコーディングに関するデータ、収録楽曲の紹介はいらない。それらはアーティスト自身がメディアのインタビューなどで答え、あるいはニュースや雑誌の特集記事に取り上げられているからだ。

　それに歌謡曲やJポップを好んで聞くファンは熱心にアーティストのデータを探さなくても、以前は国内の芸能誌やラジオ番組から日常的、かつ安易に彼らの情報を得ていたから、あえて洋楽のようなライナー・ノーツは不用だった。

　このように日本国内でのライナーの必要性、内容の重要性は洋楽、海外のアーティストの作品に限られていた。国内の洋楽ファンは長年ライナー・ノーツを頼りに情報や音楽の知識を得てきた。だから時代や流行は変わっても、また現在のようにインターネットが

普及しても、入手したレコードやCD、そのアーティストに関する身近で的確な情報は、ライナー・ノーツならば絶対得られると期待、信頼するのは当然である。

　国内の洋楽ファンのなかには、安くて発売が早い輸入盤より、やや高い日本盤を購入する者もいる。彼らは日本盤独自の歌詞やその対訳、ライナー・ノーツに多少なりとも信頼と期待をもっているからだろう(?)。それが現状では機械的で義務化し、もはや形骸化の一途をたどりつつある。60〜70年代の音楽状況が活気にみなぎっていた時代には、専門誌が特定のテーマで読者からライナー・ノーツを募集して、時には賞まで与えて一部の受賞者はそれをきっかけに編集者や評論家になった例もある。

　ということで、熱心な音楽ファンの知識や情報源というだけでなく、かつて日本独自のライナー・ノーツはプロへの登龍門にもなっていた。ただし、あえて断っておくが、これはあくまでも日本独自の、長年にわたるライナー・ノーツによるもので、ポピュラー音楽の本場のアメリカやイギリスにはあてはまらない。

　ただし、外国のポピュラー・レコード収集家にも、この日本独特のライナー・ノーツが魅力的という人もいる。日本語が理解できるか否かは問題ではないようだ。米英の袋に入っただけの素っ気ないレコードに比べればとにかく見た目や商品に対する心遣い＝サービスが決め手になるらしい(とくに日本制作のポピュラー・アナログ・シングルは)。

　さらに幸か不幸か、偶然にも、日本の洋楽国内盤は海外に輸出していない。だから来日してはじめて、海外のレコード収集家や音楽ファンは自国のレコードとの違いを実感することになる。いわゆるレコードを通じた逆カルチャー・ショックとでもいうものか。

　日本と海外ではレコードに付く「ノーツ」の意義やとらえ方がおおきく異なり、決して同一視されるものではないことは、改めて別

章で後述する。アルバム・ノーツとライナー・ノーツは似て非なるものという認識で、以降の章を読みすすんでいただきたい。

II

ポピュラー音楽の老舗、アメリカのアルバム・ジャケットとライナー・ノーツの歩み

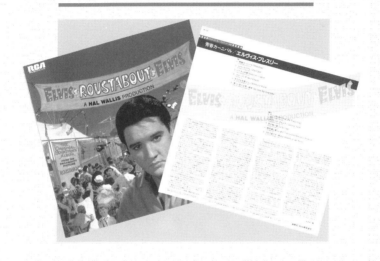

ライナー・ノーツ(米のアルバム・ノーツは日本とは異なるが、ここではあえて便宜上ライナー・ノーツの呼称で話をすすめていく)の誕生はレコードの歴史と密接にかかわっている。もちろんそれは日本ではなく数多くの流行を生み続けてきた世界最大のレコード市場＝アメリカであることはいうまでもない。

　CD時代の幕開けの80年代に、百年の歴史といわれたアナログ・レコードは、1857年にレオン・スコットが考案した回転式シリンダーの録音機＝フォノートグラフからはじまった。以後、発明王のトーマス・アルヴァ・エジソンやアレクサンダー・グラハム・ベル、エーミール・ベルリーナらの改良により、平円盤型のレコードが実用化される。

　そのレコードとライナー・ノーツが多くの人々に注目されるきっかけが第二次世界大戦後、コロンビア・レコードのピーター・ゴールドマークが開発した78から33⅓に回転数を変え演奏収録時間を長くしたアルバムの実用化だった。

　そしてアルバムの発売がもたらした魅力が盤を納めるジャケットの誕生だ。78回転のSP盤レコード時代は藁半紙のような粗雑なレコードのレーベル部分を丸くくりぬいた味気ない袋がジャケット代わりだった【注①】(ただし、クラシックの組み物作品は分厚いバインダーのような特殊なジャケットだった)。レコードの歴史書によれば、このアルバムの発売で、写真やイラスト、しゃれた文字や数字のロゴが、当時はジャケットに印刷され、ビジュアル性の高い商品がユーザーの好奇心、購買欲をそそった。

　当時の音楽の流行はラジオ放送や都会の一部の店におかれていたジュークボックスでのリクエストやラジオのオン・エアーが人気の指標で、ヒットの重要なポイントだった。しかもまだ一般にはレコード・プレイヤーの普及率も低く、個人でレコードを購入して音楽を楽しむこともまれだった。だからラジオの音楽番組や、限ら

II ポピュラー音楽の老舗、アメリカの
アルバム・ジャケットとライナー・ノーツの歩み

【注①】SP盤レコード時代のジャケット代わりのレコード袋

てはいたが一部の飲食店(ホテルにも)に設置されたジュークボックスのレコードに耳を傾けた。娯楽に乏しい時代だから楽しみ方も現代からは想像もつかないだろう(ちなみに世界初のジュークボックスは1899年、カリフォルニア州サンフランシスコのパレス・ロイヤル・ホテルに設置された)。

従って楽曲やアーティストの人気がでても、目安になるその順位はレコードとスコアシート=楽譜の売上げが重要なポイントを占めていた。当時は高価なレコードより、安価で手軽な楽譜が一般の音楽ファンに求められていた。現在記録されている1930年代頃までのミリオンセラー作品の大半はレコードよりスコアシートの売上げが大きい。

1920年代末の米国株式相場の大暴落による経済恐慌は売上げが上昇しつつあったレコード業界にも大きな打撃を与えた。最大の危機、経済恐慌から音楽業界が復興への道を踏み出したのは1930年代なかばだった。

グレン・ミラー楽団を筆頭にしたビッグ・バンド=スイング・ジャズ、いわゆるリスナー参加型のダンス音楽の流行である。この

流行でポピュラー音楽は一気に活気づき、ミリオンセラー・ヒットが相次いで記録された。そしてポピュラー音楽は最初の黄金期を40年代にむかえる。

ポピュラー音楽の流行には、ファンが憧れ、熱中するスターやヒット曲が不可欠だった。この勢いと音楽人気を物語るように、40年代には数多のレコード会社が誕生した。日本の洋楽ファンにも馴染み深いキャピトル、MGM、マーキュリー、チェス、アトランティック等々、近代ポピュラー音楽の発展に深く関わり、多大な貢献をするレコード会社がこの頃に産声をあげた。

新旧レコード会社の激しい競争、録音技術の飛躍的な進歩により、それまでの短時間演奏のシングルから長時間収録、再生が可能なアルバム時代を迎える。この画期的なアルバムの登場こそが当時の多くのユーザーのレコード購買意欲を強く刺激した。アルバムはカラフルな文字や写真、イラストが印刷された絵葉書のようなジャケットに納められ、いやがうえにも人目を引いた。ゲップが出るほどビジュアル氾濫の中に暮らしている現代人には想像しがたいと思うが、レコードに限らず、当時はあらゆる商品が質素で実用的、とにかくビジュアル性、見た目はどうでもいい時代だったから、人目をひくアルバム・ジャケットのインパクトは相当なものだったといえる。

当時の証言として、たとえプレイヤーがなく、また熱心な音楽ファンでなくとも、魅力的なジャケットに引きつけられた人が多く、アルバムは予想外に好調なセールスを記録したと伝えられている。良くも悪くもジャケットの人気でレコードが売上げを伸ばした。その結果当時人気の主流作品、ミュージカルや映画のサウンドトラック、たとえば「オクラホマ」や「南太平洋」のアルバムが相次いでミリオンセラーを記録している。

アルバムの誕生、すなわちレコード・ジャケットの登場がライ

Ⅱ ポピュラー音楽の老舗、アメリカの
　　アルバム・ジャケットとライナー・ノーツの歩み

ナー・ノーツの歩みを意味する。ジャケットの表面は写真やイラストで彩られても、裏面は活字でうめられた【注②】。映画のサウンドトラックならその内容紹介や出演者など、ミュージカル作品も同様、それ以外のポピュラーはその歌手や演奏者にかかわりのあるプロデューサー、ラジオ局のディスク・ジョッキーなどの推薦文、思い出話等もろもろ、というように日本の音楽ファンが長年慣れ親しんできた内容のライナー・ノーツとは異なるアルバム・ノーツが誕生する。

とくに50年代なかばのロックン・ロール誕生を境に、アーティストやファンの世代交代が急速に進み、音楽のスタイルやサウンドはもちろん、発売されるレコードやジャケットにも流行の変化が顕著にあらわれた。

ユーザーの、とくに若い音楽ファンを意識したアルバムのジャケット、50年代後半のロックン・ロール・アイドル＝若手男性ソロ歌手の作品にそれが見てとれる。当時はグループやソロ歌手、ロックン・ロールやR&Bなどの音楽ジャンルを問わず、発売されるアルバムはほとんどがシングル・ジャケット(アーティストのカラー写真を贅沢に使った見開きのダブル・ジャケットも時々あった)だった。

その後、ロックン・ロール・アイドルがこの傾向に変化をもたらす。レコード購入者の対象が十代の若者たちだったことも強く反映し、アーティストの顔や上半身の写真をクローズ・アップし、ビニール・コーティングしたジャケット、作品によりダブルやカラー・ポスターの特典も付けた。そしてライナー・ノーツが印刷されるシングル・ジャケットの裏面やダブル・サイズの見開き内側のスペース部分には、アーティストのレコーディング風景や日常のプライベートな写真数点(一部の作品で)とそれにまつわる紹介文や、私的な文なども掲載された【注③】。

当時の日本の洋楽アルバムは海外のレコード会社から送付される

【注②】オーソドックスなアメリカのアルバム・ノーツのパターン……エルヴィス・プレスリーの『Elvis' Golden Records』

【注③】若いファンを意識したアーティスト写真多用のジャケット裏面の雑誌風デザイン……ファビアンの『Hold That Tiger!』

II ポピュラー音楽の老舗、アメリカの
アルバム・ジャケットとライナー・ノーツの歩み

【注④】必要最低限のレコーディングデータを掲載……アイアン・バタフライの『The Best Of Iron Butterfly Evolution』

【注⑤】アーティスト自身の既発売アルバムの宣伝をかねたジャケット写真を掲載……アンディーウイリアムスの『Andy Williams Sings Rodgers and Hammerstein』

数点の宣伝用のモノクロ写真しかなく、それにカラーの色をかぶせたもどきアレンジのシングル歌詞カードとか、アルバムは人工着色＝ジンチャク(モノクロのアーティスト写真に絵の具で色を塗る)ジャケットを発売していた。ジンチャクってちょっと見はカラーだけど、実際の写真とは違う、人形のような違和感が拭えない。

　日本的なライナー・ノーツ(日本的なアーティストのバイオや活動状況、その作品に関してなどの記述)を無視したロックン・ロール・アイドルのそれらのアルバムのパターンでも、当時のアメリカの若い音楽ファンに不満はなかった。なぜなら、それらアーティストの活動状況や経歴から趣味、はたまたファッションや食べ物の好み、家族構成まで、「ムービーランド＆テレビ・タイム」や「ムービー・ワールド」や「ムービー・テレビ＆レコード・タイム」などの芸能雑誌の記事が、それを補う日本のライナー・ノーツの役割を果たしていたからだ。また以前にもふれたが、アイドル・アーティストには、当時発売されたすべてのアルバム・ジャケットのすみにファン・クラブの住所が記載され、ひいきの歌手の詳しい情報を得る大きな役割を兼ねていた。

　しかしながら、アメリカ盤のポピュラーの、ジャズを除くさまざまなアルバムのなかでも、比較的にジャケット裏面のデータ、収録曲はもとより、その作者、楽曲のランニング・タイム、各曲の担当プロデューサーやアレンジャー名、レコーディング・スタジオからデザイナーや写真家、ときにはゲスト・ミュージシャンのクレジットまでも、当時には珍しくアトランティック盤だけが比較的丁寧に記載していた【注④】。これはデータをあまり重視していない60年代には注目にあたいする。

　さらにアーティスト自身の既発売アルバムの、あるいは同社の他の歌手など、宣伝をかねた数点のジャケット写真を掲載、簡単な発売カタログ風なものもときどき見受けられた【注⑤】。これでも50〜

II ポピュラー音楽の老舗、アメリカの
　アルバム・ジャケットとライナー・ノーツの歩み

当時の人気アーティストの情報を提供したアメリカの芸能雑誌

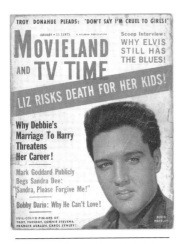

「ムービーランド＆テレビ・タイム」

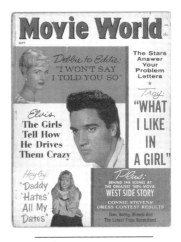

「ムービー・ワールド」

「ムービー・テレビ＆レコード・タイム」

60年代はまだましである。本格的なロック時代を迎えた70年代からは、アルバムの中袋に収録曲の歌詞や作者、ミュージシャンやプロデューサー、アレンジャーなどの詳細なクレジットが記載される一方で、あえてこういうアメリカ的な形式のノーツが姿を消していく。

アメリカ的な形式のアルバム・ノーツとは、ラジオ局のディスクジョッキー、ソングライター、プロデューサー、雑誌記者、音楽評論家など、多彩な人々がアルバムに書いた短文である。その内容もアルバムについて、あるいはアーティストの魅力や印象、思い出話などさまざまで、決まったパターンはない。

それでも日本的なライナー・ノーツは必要ない。まずアーティストが自国で活動していること。そして彼らの活動状況やプロフィールなどのデータはラジオ、テレビ、雑誌や音楽業界誌、さらに70年以降は「ゴールドマイン」、「レコード・エクスチェンジャー」、「ジグザグ」、「ビン・バン・ブーム」などが新旧アーティストの詳細な記事を掲載していたので、日本の音楽専門誌が足元にもおよばない情報が簡単に入手できる。むしろ50〜60年代よりもアーティストの情報や精度の高いデータは70年代のほうが米英ともレベル・アップしている。これは海外アーティストの資料探しに青息吐息だった我々のような日本の音楽著述業者やポップスやロックのレコード収集家には、心強く、歓迎する傾向である。

だからではないと思うが、70年以降の米英のアルバムは奇抜で大胆なアイデアやデザインのアルバムが競うように数多く発売、注目され、ジャケットにはプロデューサーやレコーディング参加ミュージシャンなどのクレジット以外は見あたらなくなった。

情報化時代、日本に比べればもともとレコードやアーティストの解説や説明文を積極的にのせていなかったから、なくてもどうってことはない。しかし一方で、アナログからCDに移行した現在で

II ポピュラー音楽の老舗、アメリカの
アルバム・ジャケットとライナー・ノーツの歩み

70年代に脚光を集めたデータ中心の米英音楽情報誌（通販専門のものも）

「ゴールドマイン」

「レコード・エクスチェンジャー」

「ジグザグ」

は、収録曲の歌詞とレコーディング参加スタッフやミュージシャンのクレジットが映画作品同様、こんなに必要かと思うぐらい細かく記載されるようになった。

III

海外と日本のライナー・ノーツの違い、その独自の魅力

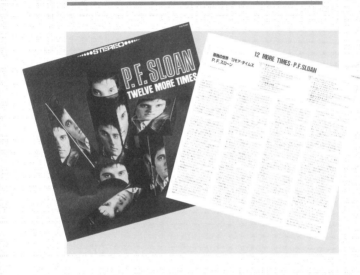

いままではポピュラー音楽の本場、レコード先進国のアメリカのアルバムを例にライナー・ノーツの相違点や変遷について話をすすめてきたが、ここで本文の冒頭でも後述するといった日本と海外との、その解釈、意義の違いについて紹介しょう。

　日本の洋楽ファンの感覚からすれば釈然としなくても、ポピュラー音楽の本場の米英に(日本式の)ライナー・ノーツはない。誰もそのことに触れなかったが、結論をいえば、ロックン・ロール誕生以前からライナー・ノーツはない。では日本とは内容は異なるが、輸入盤のアルバムのジャケットに刷られていたプロデューサーや音楽評論家などの短い紹介文等、あるいはわずかだがアーティストのプロフィールが掲載されることもあったはず。それらはライナー・ノーツではないのか？　その紛らわしい疑問、日米の明確な相違点こそが、それぞれの音楽事情や状況の違いによる「ノーツ」の特徴であり、魅力だ。

　日本的なライナー・ノーツの手本(そのスタイル)になったアメリカのそれは、似て非なるアルバム・ノーツだ。日本のようなアーティストのプロフィールやレコーディング・データの掲載にはこだわらず、さまざまな人が推薦文や紹介文、たまにグループのメンバー紹介などなど、制約パターンのない自由な注釈を付記している。

　アルバムの表面は写真やイラスト、裏面30センチ四方の、必要不可欠な収録曲クレジット以外のスペースをうめる選択肢としてアメリカのアルバム・ノーツは誕生した。自国の音楽、人気アーティストが身近で活動、それらのヒット曲も気軽に聞けるという整った環境、メディアを通じた情報も満たされていたから、あえて日本的な内容のライナー・ノーツの必然、必要性もなかった。

　1963年からアメリカのアルバム・ノーツは毎年、ポピュラー音楽界最大の祭典＝グラミー賞の受賞項目にあげられている。ちなみに最初の受賞作品はレナード・フェザーとスタンレー・ダンスが記

III 海外と日本のライナー・ノーツの違い、その独自の魅力

したデューク・エリントンのアルバム『ザ・エリントン・エラ』(米コロンビア盤)である。毎年授賞式の模様は日本でもいち早くテレビのニュースや新聞が報じられるが、アルバム・ノーツに関してはまったく知られていない。

アメリカでは毎年数作品が受賞候補にあげられ、アルバム・ノーツは歴史と高い評価を獲得しているが、それは洋楽の状況とその内容も異なった日本ではあくまでも参考の域をでない。もっとも最近の国内発売のCDは英語のアルバム・ノーツの翻訳を付記、日本独自のライナー・ノーツを無視したようなものもよく目にする。

だが、時代や音楽状況も異なればまったく話は違ってくる。海を越えて届くまでの時間差や情報も限られていた50〜60年代の日本では、その量、質とも決して十分とはいえない。このような不利な状況でも、アメリカやその他の海外地区の音楽だけは楽しめた。しかし、普及し、人気があがればアーティストや作品、さらに海外の音楽状況や流行、ヒット曲などについて知りたいという欲求が高まるのは当然の成り行きである。

そこで情報の重要性がクローズ・アップされる。もっとも情報についてユーザーからの指摘がある以前から、国内のレコード会社の洋楽は、発売する作品やアーティストのデータを職業上知らなければならなかった。なぜなら、レコードを売り、ポピュラー音楽の普及はもちろんだが、ファンやメディアへのアピール＝宣伝は海外からの説得力のある情報がなくては成り立たなかった。当時もっとも海外の音楽情報を欲していたのはファンよりもレコード会社のほうだったのだ。

シングルやアルバムを国内発売するレコード会社は、制作や宣伝のために少しでも多く、正確で速くと、海外からの情報収集に必死だった。当時のファンが得る国内のポピュラー音楽情報は、AMラジオ放送各局のヒット・パレードか、電話やハガキのリクエスト番

組、音楽専門雑誌も限られた1〜2誌しかなかった。それとて人気アーティストやビッグ・ヒット曲がニュースの中心で、さまざまな細かい情報を知ることは不可能だった。

　現代のインターネットのような手軽で便利、あるいはフリーペーパー等々、情報を得るさまざまな選択肢がない時代だから、当時のポピュラー音楽ファンは限られたメディアからのそれを信じ、知りたい欲求をこらえていた。加えて海外からの情報が現代のように瞬時ではなく、常にタイムラグがあり、正確性を欠くこともあり、いらだたしくもあった。音楽は現代より楽しく、刺激的だったが、個人的には、もしかりに当時洋楽の著述を仕事にしていたらと考えると「ぞっと」する。

　日本国内でも東京と地方との情報量やその伝達速度に問題があったのだから、不満があっても限られた音楽専門誌やAMラジオの番組をたよるしかなかった。このような時代背景で当時の洋楽ファンの心をかきたて、音楽熱の向上に拍車をかける重要な役割を、シングル盤やアルバムのライナー・ノーツが果たした。ちなみに日本のポピュラー・レコードにはじめてライナー・ノーツが付いたのはSP盤の時代からである。

　レコードはシングルが350円、アルバムは30㎝盤1500円、25㎝盤が1000円(30㎝盤より収録が2曲少ない、価格もやや安く売るための手頃感を狙った商品)、参考までに当時(1960年)の物価はコーヒーが60円、雑誌が50円という時代である。それらとレコードの価格を比べると約5倍、欲しくてもなかなか手が出なかった。もっとも当時はプレイヤー(モノラルで、ひとつのスピーカーとレコード・プレイヤーとAMラジオが一対になったもの)も一般に普及していなかったから、娯楽としての音楽が関心を集めていても、高価なレコードは売れない。とくにレコードの素材が軽くて持ち歩きが手ごろな塩化ビニールに変わる以前、78回転のSP(ゼンマイ式の手回し蓄音機で再生。ちなみにそのSP盤

Ⅲ　海外と日本のライナー・ノーツの違い、
　　その独自の魅力

レコードの蓄音機は音を拡声するラッパ付とそれがない機種があり、それらは電気を使わない。電気で作動する蓄音機はSP盤の晩年期に登場した)、音の耐久性はあるが、落としたり、誤って踏んだりすると盤が割れたり、ひびが入るというもろさもあった。

　日本のレコードのライナー・ノーツはそのSP盤の時代、正確にはいつ頃からかは不明だが、1955年のロックン・ロール誕生以後はジャケット代わりの包装袋の中に入っていた。表紙にあたる最初の部分だけが写真やイラスト使用のカラー一色刷りで、内包された横13㎝、縦18㎝、4～6ページぐらいの紙に楽曲紹介を中心に、簡単なアーティストの海外での実績やプロフィール、そして英語の歌詞が印刷、収録曲とアーティスト名が記載され、ダンス音楽作品にはステップの図解が付けられた。

　英語以外のフランス語やイタリア語の歌詞にはカタカナのルビがふられ、解説文は一部を除き、ほとんどが無署名で、これは当時のレコード会社の担当者が書いていた。60年代になるまで日本盤のシングルやアルバムの多くはレコード会社のディレクターが、自分が担当する作品やアーティストの簡単な経歴の紹介や曲目の解説を書いていた。日本では海外の音楽やアーティストの情報が皆無に等しかったので、外国のレコード会社から送られてくる原文のバイオグラフィやもろもろの資料を引用、あるいは参考にしていた。

　これが日本式ライナー・ノーツの始まりだ。余談ながら、SP盤は現在も入手可能だし、78回転も再生できるプレイヤーもあるが、どうも盤以外の保存状態が悪く、当時のライナー・ノーツまで完全にそろった中古品はお目にかかりにくい。私もポピュラーのSP盤を購入するが、いまだライナー付は入手したことがない。

　日本の音楽ファンがレコードのライナー・ノーツに関心を抱いたのは先にも述べたSP盤より後の時代、塩ビ素材の45回転17㎝シングル盤と33⅓回転25と30㎝のアルバムに切り替わった1958年

SP盤時代の日本のレコードのライナー・ノーツ
……20世紀フォックス「帰らざる河」の主題歌

ゼンマイ式の手回し蓄音機。音を拡声するラッパ付とそれがない機種があり、それらは電気を使わない。電気で作動する蓄音機はSP盤の晩年期に登場した。

音の耐久性はあるが、落としたり、誤って踏んだりすると盤が割れたり、ひびが入るというもろさもあったSP盤のレコード。

以後である。ポピュラーのシングル盤の価格が350円と当時としては決して安くはないが、国内のロカビリー・ブームや一般へのテレビやハイファイ・プレイヤーなど、オーディオ・ビジュアルの普及が背景にある。

　もうひとつ、レコード各社の自社番組や民放ラジオ各局の「ヒット・パレード」ものが圧倒的な人気を集めた。これが日本国内でのポピュラー音楽人気の普及、発展に多大な影響を与えたことはいうまでもなく、毎週好みの曲が順位を競う楽しさに多くの若者が魅了された。そしてもちろんアルバムは無理だが、シングルを買い、歌詞とともに印刷された短い解説文を読んだ。レコードが高価でヒット曲が人気の時代、当時はそれらの動きを顕著に反映してシングル盤の売上が圧倒的だった。

　ポピュラー音楽の老舗のアメリカにもないシングル盤のライナー・ノーツという日本独自の妙案は、洋楽人気の普及とレコード・セールスの向上に大きく貢献する。17cmの歌詞カードに、シングル収録2曲の英詞とアーティストや楽曲の紹介、解説を、一点あたり平均700字ほどの情報が書かれていた。文字情報は決して多くはないが、音楽ファンにとっては最も知りたいことがわかりやすく簡潔に記されていた。

　このシングル盤のライナー・ノーツもSPレコード時代同様、60年代のはじめ頃までは各レコード会社の担当者が無署名で書いていた。ただし、SP盤のライナーより、その内容はさらに具体的で音楽ファンの興味を刺激した。日本独自に作られた当時のライナー・ノーツに決まりはなく、無署名の気楽さもあったが、音楽情報を常に可能な限り提供するという真摯な姿勢も感じられた。当時の日本の音楽ファンの多くは、こうしたシングル盤のライナー・ノーツをたよりに、アーティストやヒット曲に関するささやかな知識を得、また同好の士とも互いの情報を交換しあった。

現代とはまったく音楽状況も異なる50〜60年代の、コマーシャルなヒット曲絶対優位の時代では、若いファンの興味と注目を一手に集めるシングル盤とそのライナー・ノーツが欠かせない重要な情報だった。かたや同時代に発売されていたアルバムのそれは、シングル盤より字数こそ、平均約600〜1500とやや多いが、ファンにはそれほどありがたいものではない。ジャケットの裏面を利用するというアメリカと同形式だが、大半はシングル盤より多くの収録曲の歌詞に占められ、アーティストの経歴の紹介以外、抽象的な軽い文に終始している。シングル盤より売上げも芳しくなく、当時のファンが高価なアルバムを聞く余裕がなかったことも、レコード会社にはそれほど手間をかけられなかったというのが本音だろう。実際に国内での洋楽アルバムの発売数もさほど多くなく、収録曲を差し替えたり、曲順を変えたりと、オリジナル盤通りには発売しない作品もよく目にした。ソロ歌手、グループ、オムニバスとも編集のベストが多く、アメリカでのレギュラー盤の発売は限られていた。70年以降のアルバムがレコード売上げの主役商品になった時代とはその扱いも、認識も違う。

　シングル盤がヒット曲全盛の60年代までは日本独自のライナー・ノーツが主役だったが、ロックン・ロール誕生以後ポピュラー音楽最大の革命といわれるビートルズの登場が、ここにも大きな影響を及ぼす。音楽の流行はもちろん、当時(1964年頃)の彼らの常軌を逸した人気は諸外国だけでなく日本も例外ではなく、若者の意識にさまざまな変化をもたらした。ファッション、生活スタイル、そして信じがたいかもしれないが、以後の日本発売の、とくにアルバムのライナー・ノーツにもビートルズ人気による変化が生まれた。

　それまでの定番化していたジャケットの裏面＝解説と歌詞の同時掲載が徐々になくなる。歌詞だけが印刷された紙がジャケットに内

III 海外と日本のライナー・ノーツの違い、
その独自の魅力

和製ポピュラー・シングルに付いた日本独自のライナー・ノーツ

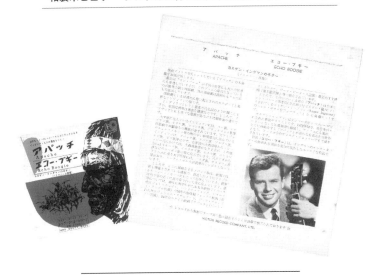

ヨルゲン・イングマン『アパッチ／エコー・ブギー』

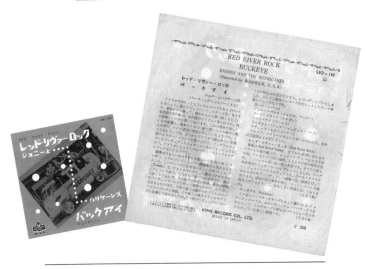

ジョニーとハリケーンズ『レッド・リヴァー・ロック／バックアイ』

包され、裏面は従来通りの収録曲クレジットはもちろん、大幅に字数も増え、海外の音楽状況、アーティストの経歴とその魅力、生年月日やエピソードなどが詳しく書かれるようになった。ライナー・ノーツのこの大きな変化はビートルズという特化した人気がもたらしたといってもさし支えない。なんども繰り返すが、アーティストのアルバムが決してよく売れた時代ではないのに、彼らの作品だけが売れ、ビートルズのライナー・ノーツが範となり、以後このパターンが他のアーティストの場合にも広がった。

　ビートルズが登場する63〜64年頃を境に、日本独自のライナー・ノーツはその内容にも、暗黙の決めごとのようなものが自然にうまれた。アーティストの本国での活動状況と魅力、人気、経歴(グループは各メンバー紹介や担当楽器)、アルバムに関する記述(デビューか、何作目か?)、ベストやオムニバス作以外は簡単な収録曲の紹介という文章構成になる。また、無署名でそれまで執筆していたレコード会社の担当ディレクターに代わり、音楽評論家、雑誌の編集者、ラジオ局の番組担当DJやディレクターなどが署名入りでライナー・ノーツを書くようになった。

　しかも通り一辺倒ではなく、音楽作品の違いでライナー・ノーツはさまざまな文章構成、パターンを提示した。人気歌手やグループの作品は、アーティストの経歴紹介や米英本国でのヒット記録やアルバムの発売、あるいは近況などが書かれる。オーケストラ演奏の軽音楽作品やギター演奏のアルバムは収録曲中心の解説、異なった歌い手のヒット曲や人気曲で編成したオムニバス作は、そのアーティストと楽曲の紹介文を簡潔に書き記した。映画のサウンドトラック盤は、物語や収録曲がどの場面に使われているかや、出演俳優や監督について記されていた。このように高価でも若いユーザーにアルバムが売れるようにというレコード会社の期待と願望が、ビートルズ人気により従来のお手軽なライナー・ノーツを一新し、

Ⅲ　海外と日本のライナー・ノーツの違い、
　　その独自の魅力

商品拡販の食指をそそる特典＝サービスとしての役目も果たした。

　だが、音楽ファンには役立つ情報が多いライナー・ノーツの一新は嬉しいが、このことでビートルズ以外のアルバムもまんべんなく売れたわけではない。特定のアーティストを除外して、以後数年間はそれでもシングル盤が国内のポピュラー・レコードの販売数の大半を占めていた。日本国内でポピュラー・レコード、とくにシングル盤に見劣りしないぐらいにアルバムも売上げが向上するのは、ビートルズや彼らに追随した英ビート・グループの人気に加え、ベンチャーズによるエレキギターやピーター・ポール＆マリーらのモダン・フォーク・ソングの流行が弾みをつけてからのことである。

　このことが日本独自のライナー・ノーツの、さらなる内容の充実につながり、また60年代にその形式も形づくられる。さらに60年代後半から70年初頭にかけてのロック革命といわれる時代を境に、音楽の流行に歩調を合わせるように、ライナー・ノーツもそれまでのコマーシャルなポップス、アイドル色の強い内容から、アーティストの個性的な音の分析、その形成にいたる過程や主張など、多彩な視点から書かれるようになった。

　アルバム・ジャケットも米英のオリジナル・デザインをそっくり採用し、ライナー・ノーツは裏面から別紙に印刷され、内包される。ジャケット内に英文の歌詞とその対訳、解説文が一枚、あるいは複数枚に印刷されたものが常時付けられる。60年代までは稀にしか見られなかった歌詞の対訳も、70年以降は無くてはならないものとなる。ちなみに蛇足ながら、これまた日本独自のアルバムの帯は、50年代当初、当時のレコード会社の元担当者の話だと、英語になじみがない、わかりにくいというユーザーからの要望で、平仮名とカタカナでタイトルやアーティスト名を表示したそうだ。それが現在もCDで継続している。

いつ頃からかはわからないが、その帯は若いユーザーや海外のレコード収集家にも、それが付いている中古盤は高値という妙な風潮が広がった。良いことか、悪いことか、どちらとも言い難い問題だが、レコードの出し入れ時にひっかかったり、手を切ることも度々だったので、私は購入時にすぐ破棄した。レコードの所有枚数が増えると、ビニール袋や帯がかえって邪魔という、あくまでもこれは私的な意見だが……。

IV

ライナー・ノーツの潜在力=魅力

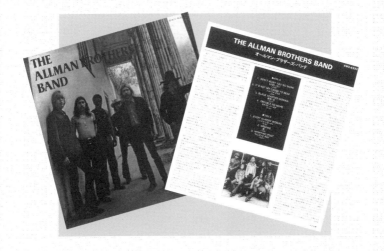

多くの音楽ファンの身近で貴重な情報源が「日本独自のライナー・ノーツ」だということは前章でも述べてきたが、海外にはないこの独自のスタイルは、時代の推移や流行の変化などさまざまな要素により、当初のサービスや特典というお手軽な意味合いのものから、音楽ファンたるユーザーの欲求や向上心、あるいは探究心を刺激、触発するような濃い内容の実りあるものへと変わった。

　正確で細かなデータの充実、経験値と知識、筆力のある書き手の登場だ。さらに彼らには誰よりも音楽への情熱と愛情を持ち、「講釈師見てきたようななんとやら」というような自分に後ろめたさを感じない某筆者らと違い、真摯な姿勢と意識でライナー・ノーツを書いていることだ。

　前章でも述べたが、アルバム・ジャケットの裏面に記されたアメリカのアルバム・ノーツは、日本の音楽ファンには資料と情報性に乏しく、国内盤にそのまま流用できなかった。シングル盤への抜粋使用も無理だった。そこで日本独自のジャケット裏面の利用パターンが考えられ、収録曲のヒアリングによる英文の歌詞や海外のレコード会社から送付されたアーティストのバイオグラフィーをもとにした文章が記載された。しかしながら、50～60年代頃まではシングル盤に比べ、発売されるアルバムは高価格なためセールス状況も良くなく、その枚数も多くはなかった。ゆえにライナー・ノーツについては、レコード各社もシングル盤のほうに力を注いだ。だから60年代までのポピュラー音楽ファンは音だけでなく、シングル盤のライナー・ノーツに多くの恩恵を受け、育てられたと言っても過言ではない。

　ポピュラー音楽にのめり込み、食事代までレコードの購入に費やすという、私を若気の至りに走らせたことは、顧みれば数多のそうした諸先輩方が書いたシングル盤のライナー・ノーツがあったからでもある。さらに音楽だけだったら、それを自分が生業にするなど

IV　ライナー・ノーツの潜在力＝魅力

魔が差した行動を取らなかったと思うし、もちろん今の自分もない。文章を書くことが苦手で、決して好きではない私が、いつか一度くらいはライナー・ノーツを自分でも書きたいと血迷った思いを抱かせたのも、ポピュラー音楽について教えられ、学ぶことが多かったライナー・ノーツのおかげである。音楽の底なしの魅力にとりつかれ、一枚でも多くのレコードを、一曲でも心揺らぐ楽曲をとの出会いを心密かに期待し、気づけば自分でも数多のライナー・ノーツを書いてしまったという具合だ。

　はじめてライナー・ノーツ、およびポピュラー音楽に関する原稿を書くにあたり、諸先輩方からいただいた助言をいまも忘れない。「自分が音楽にどれだけ詳しくても、すべての読み手が同じ知識をもった経験者ではない。だから面倒くさがらずに、誰にでも親切で丁寧、わかりやすい文章を書くことを常に心がけるように」、いわれれば納得だが、案外見過ごされがちなことである。ついつい、うっかり、できることをはしょる。何事にも、誰にでもよくあることだ。がしかし、やはり仕事、生業として幾ばくかのお金を頂戴するプロとしては当たり前の心がけである。

　ライナー・ノーツを書いている人が全員プロではない。別に生業をもった二股仕事、あるいは腰掛けアルバイト感覚の人もいる。それが悪いとは思わないが、イレギュラー、スポットのライナー・ノーツも責任がともなう仕事なのだから、音楽ファンに歓迎される内容の文章を書くことが使命だ。正確でわかりやすいデータの掲載や筆力は言わずもがなである。

　これは私も含め、プロの音楽執筆者すべてにいえることである。
　なぜこんな理屈っぽく、説教じみたことをいうか、実はそこにライナー・ノーツの魅力と怖い落とし穴があるからだ。怖い落とし穴とは、書き手の独断と偏見、誤った認識、勘違いでライナー・ノーツが発表されたらどうだろう。考えてみたことはないか？　あるい

は運悪くそういうものを読んでしまい、間違った知識を植え付けられた経験に遭遇した人はいないか？

　もしライナー・ノーツの書き手が特定のジャンルの音楽しか聞いていなかったら、ベスト・アルバムだけを聞き、あたかもそのアーティストの音楽を熟知したような場あたり的なライナー・ノーツを書いたとしたら、それを読むことになるファンは悲劇的としかいいようがない。こういう例ってけっこうあるのだ。

　とくに日頃アメリカン・ロック主体の原稿を書いているものが、ジャズやフュージョンのライナー・ノーツの依頼を受ける。あるいはブリティッシュ・ロックおまかせの人がカントリー音楽のライナー・ノーツを書く。依頼主と筆者とのあいだで成立したことで、あえて何らかの狙いがあったとは思うが、誰が書いたではなく、その文章の内容に読み手が違和感や不満を感じなければよい。

　読み手の音楽ファンがあり得ないと思っていた筆者が良い意味で期待を裏切る内容の原稿を書けば問題ない。ところが残念ながら、安易に依頼を受けて書いた原稿はボロがでる。筆者が日頃どれだけ幅広い音楽を聞いているかが透けて見える。

　たとえば、プロの音楽評論家といえどその実態は、黒人音楽ばかり、ハード・ロックやヘヴィ・メタル、はたまた英ロック中心など、固定した分野の作品やアーティストに注目している人は少なくない。それが個人の得意分野で、仕事の依頼を受けるセールス・ポイントである。したがって、筆者によっていくつかの音楽分野のクロスオーバーはあるにしても、プロのすべてがあらゆる依頼の原稿に対処はできない。音楽執筆者には、もちはもちやの得意なアーティストや分野があって当然である。

　ところが先のように、予想通りの、読み手には残念なライナー・ノーツがある。このような場合、とかく筆者にだけ非難が集まる。署名原稿だから、これは致し方ないし、受けた人の責任は当然だ。

が、それを依頼したレコード会社の担当者のいい加減さも追求されなければならないが、そうならないことが、こうしたライナー・ノーツがなくならない要因のひとつだ。もっとも筆者も自分の力量を知り、節度をもち、時には依頼を断る勇気があればいいが、ずるずるとひき受けるという現実もある。

　ここではあえて問題ありのライナー・ノーツとしておこう。原稿内容のお粗末さもさることながら、それよりさらに重大なことがある。筆者の勘違いや個人的な思い込み、音楽の趣味趣向、依頼を受けたライナー・ノーツのアーティストへの認識や理解不足などで書かれた原稿に生じる不都合がそれだ。

　読み手は無条件でライナー・ノーツの記述を信用する。音楽ファンはライナー・ノーツの記述で、その作品の主人公以外のアーティストや他のアルバムにも興味を抱き、知識や私的な趣味の領域を広げる。ここで前述のようなことが生じるとライナー・ノーツへのファンの信頼はゆらぐことになる。「ライナー・ノーツの文章を信じて、そこに記載された他のアーティストの作品を購入して聞いたけど、書かれていたことと違っていた」という話を時々耳にする。筆者やファンの個人的な好みはともかく、ライナー・ノーツは客観的であるべきで、もしかりに個人の趣味趣向を記載したものなら誤解を避けるべく、断り書きを入れるべきである。

　"たかが"、"されど"ライナー・ノーツ、筆者の間違いや勘違いはそれを信頼、参考にする音楽ファンにはとんでもない裏切り行為である。なかには自らの文章の読み違えや理解力不足を棚に上げ、筆者に八つ当たりする音楽ファンもいる。ほんの一例とはいえ、どちらも問題ありである。

　しかしながら、ライナー・ノーツの責任＝果たす役割と信頼は、それを依頼するレコード会社の担当者と執筆者にかかっている。どこの誰か、音楽の趣味趣向もわからない不特定のユーザーを対象に

原稿を書くからには、それなりの心遣いと注意深さが必要だ。ライナー・ノーツを通して筆者は時には信頼を背負った案内役であり、また専門職の教師にもなる。読み手がライナー・ノーツを通し、新たな知識の発見をする喜び、耳にする音楽のさまざまな扉を開く役割もその書き手しだいである。

　いままではライナー・ノーツの罪に言及したが、これとは逆に功の部分もある。むしろこちらの方こそ長年かけて形成された日本独自のこのスタイルが海外に誇れる魅力といえる。日本独自のスタイルのライナー・ノーツはとにかく音楽情報量が豊富である。アーティストの経歴からバイオグラフィー、ヒット曲のデータ、そしてその音楽の傾向や状況、収録曲の解説、アルバム参加ミュージシャンやプロデューサー紹介など多岐にわたる。

　50〜60年代のヒット曲で編成されたオールディーズ・アルバム、ソロ歌手やグループの単独作品は音楽を始めた時からデビュー、そして成功、活躍、全盛時の魅力と、もし可能なら近況などもわかればファンにはうれしい。もちろん収録曲の細かなヒット・データは不可欠である。これがさまざまなアーティストのオムニバス・アルバムとなると事情は異なる。書くスペースに限りがあるので、アーティストの紹介部分がコンパクトに集約され、収録曲のヒット・データも同様にまとめて書く。

　アルバムが発表された時代により若干の記述の変化はあるが、おおむねこのような内容で書かれたライナー・ノーツが継承されている。ある意味内容がパターン化していて面白味に欠けるが、これが日本独自のライナー・ノーツの基本形である。こうしたライナー・ノーツを見慣れた音楽ファンには、現代に多々見受ける私的な、書き手の自分だけがわかっているような文章には腹立たしさすら感じるという。

　とくに70年以降、それまでのシングル・ヒット絶対優位の時代

IV ライナー・ノーツの潜在力＝魅力

からロック＝アルバムへとアーティスト、ファンとも興味の対象が移ったことを境に、ライナー・ノーツのさらなる華やかな時間が開幕する。

　かつて高価で音楽ファン垂涎の的だった輸入盤が国内で早く、安く手軽に入手可能な時代が訪れた。すなわちこれは、国内盤とのレコード販売競争の激化だが、オリジナル盤嗜好でいち早く新譜を聞きたいファンには待ち望んだできごとである。かたや多少は発売が遅れ、聞くのを待たされても、品質が保証され、歌詞と対訳があるライナー・ノーツ付きの日本盤のほうを好むファンもいる。レコードの黒船来襲でもやはり日本盤の強みはライナー・ノーツだった。

　長らく国内盤、輸入盤ともに購入してきた私はどちらともいえないが、気をつけなければならないのは後者だ。輸入盤はファクトリー・シール(密封包装)で入手するため、中身を確認できない。もしかりに問題が生じても商品の交換が可能か、おそらく大丈夫という日本人的な根拠のない曖昧な信頼感で購入したが、これが時々信じがたいことに遭遇する。レコードの中身が違う、密封状態なのに盤が埃まみれ、盤に貼られたレーベルのずれなど、同様の苦い体験をした人もいるだろう。私が体験した究極のトラブルは、見た目はレーベル、盤とも問題なしだが、かけると録音された音楽がまったく異なったアーティストのものだったというもの。こうしたトラブルは日本盤にはなく、万が一にあっても対処してもらえる点は当然であり、音楽とレコードを愛好する者には嬉しくもあり、安心だ。

　レコードのトラブルは日米に限り、大量生産と出荷の差、再販制度の有無にも関係する。アメリカでは日本のように本とレコードに該当する委託販売や再販制度がない。従って出荷数がすべて売上げになる。つまり商品の返品がなく、また品物を仕入れた店が希望価格(レコードの希望価格はあくまでもメーカーの要望で、強制力はなく、アメリカ市場ではそれより安価で売買している)を基準に各々売り値をつけられ

る。客の出入りが多く、立地条件がよい店では希望価格より安値で売っても経営が成り立つという利点がある。だが、レコードを多く仕入れ、売れ残った場合、返品が不可で、なおかつ自分の店で商品を処分するというリスクもともなう。

　余談ながら、70年代にアメリカ西海岸のレコード店で目にした光景が、いまだに印象的で忘れられない。それはロサンゼルスの黒人街にある小さなレコード店だった。地元の友人に連れられて訪ねたが、店のお客は黒人だけで品揃えもR&Bというのは珍しくない。ところがその店は何を勘違いしたのか、60年代ブリティッシュ・ビートのキンクスやデイヴ・クラーク・ファイヴなどのアルバムをブーム時に仕入れたらしく、しかもそれが売れ残ってしまっていた。入荷数は少なくても売れない、それでも店のオーナーは相当な楽天家のようで、発売から10年ほど経ってはいるが、埃まみれのファクトリーシールが付いたそれらのアルバムを奥の棚に飾っていた。売れなければ仕入から1週間しか経っていなくても返品する日本ではありえない光景である。

　これも委託販売と再販制度のないアメリカの市場でしか見られない出来事だ。それらの小さなレコード店とは対極の大型店は、知り合いの中古業者などに処分しきれない商品を売却、こうした盤の一部がそれからしばらくの年月倉庫に保管され、後にデッド・ストックとして再び高値で市場に放出されることになる。

　つまりこれは大量生産と出荷、そして委託販売と再販制度がないアメリカ市場ならではの出来事だが、これこそがレコードのさまざまなトラブルがない日本との違いである。アメリカではメジャー、マイナーの会社を問わず、とにかく1枚でも多くのレコードを生産、出荷することには熱心だが、その分品質管理がかなりずさんだ。推測だが、アメリカは日本と異なり商品の出荷段階で、盤を1枚ごとにチェックしていない可能性がある。私も国内で輸入盤のト

ラブルにあったが、アメリカでは商品(ファクトリーシール＝密封状態だから購入前に盤を確認できない)の交換が可能なのだろうか？　気がかりな点である。

　発売するアルバム、シングルを手間暇かけて1枚ずつ丁寧にチェックして出荷する日本とは大違いである。従って出荷後に人為的か、故意かで問題が生じるのはともかく、それ以外では国内盤のトラブルはありえない。アメリカとは比較にならない出荷、販売枚数だからレコードの品質管理が万全で、前述した輸入盤のような問題がおきない。かりにトラブルが生じても、当然商品の交換が可能だ。ただ出荷数が少なく、再販制度のある日本では、店が独自にレコード価格を設定できない。

　本題から話がややそれてしまったのでもとに戻し、70年以降の輸入盤に対抗するという意味も加え、国内盤は従来からの解説文と歌詞、それに詞の対訳をライナー・ノーツのレギュラー項目に加えた。60年代後半にも歌詞の対訳はあったが、常にではなく、付いたり付いていなかったりとそれほど重視していなかった。なぜなら、それまではユーザーから英語の歌詞の掲載に関して強い要望はあっても、その対訳を求める声はなかったからだ。

　輸入盤に対抗する日本盤最大のセールス・ポイントであるライナー・ノーツの贅沢、豪華な作りは、かつての紙一枚から、ちょっとした数ページの冊子ふう、アーティストの写真を多く使用と、時間を追うごとに変化する。なかには従来の古き良きライナー・ノーツの魅力を逸脱したものもでるようになる。およそ音楽とは距離を置く人が依頼を受け、私的な感覚、ファッション的な表現、雰囲気で文を書き連ねたもどきのライナー・ノーツも度々見かけた。日本でも本格的なロック時代の到来と、アルバムの売上げがシングル盤を上回るという好景気ゆえに、こうした遊び感覚のライナー・ノーツも世に出ることになってしまったのだと思う。

ロック時代の到来＝アルバム主体のレコード・セールス、多様な音楽と歩調を合わせてライナー・ノーツにもさまざまな化学変化がおこる。データ重視と軽視、大きくこの二つに分けられる。軽視とは前述のもどき風ではなく、英米の音楽状況や個性的な音について記述したもの。かたやデータ重視は従来からのバイオグラフィーを中心に、アーティストの音楽のセールス・ポイントや参加ミュージシャン、プロデューサー、収録曲の解説をバランス良くまとめあげたもの。さらにこれでもかともっているすべてのデータを筆者が羅列したものもある。

　さすがにデータ重視とはいえ、物事はほどほど、適度が望ましい。もっているデータは80パーセントぐらいを利用するのが効果的とは、かつて私が諸先輩方々からいわれたことである。大量のデータの羅列は読み手も息苦しい。これが何作目か？　何年ぶりの作品か？　プロデューサーは？　など、すぐに知りたい必要最低限の情報が、処理の仕方ではわかりにくくなることもある。逆な例では、データに無頓着な現在のライナー・ノーツには、意外とこのぐらいはと思うことも抜けている。

　とにかく日本独自のライナー・ノーツ最大の魅力は音楽専門誌でも対処できないアーティスト個々の資料が書かれていることだ。情報を伝えるという役割だけでなく、熱心なファンや愛好家には重要な手引き、事典でもある。

　ライナー・ノーツには特定のアーティストや作品について書くという文章の制約がある。読み手に歓迎されるライナー・ノーツの条件は、わかりやすく、ファンに必要な情報が入っていることだ。情報がほとんどない頃、60年代までのライナー・ノーツは、音楽ファンには不可欠だった。そして時代、状況が変わった現代でも、その潜在的な魅力から必要であるはずだが、既存のラジオやテレビのメディアをはじめ、音楽専門誌、インターネットなど現代は瞬時に情

報が伝わるし、探せる。

　しかし、それらの情報は大半が新しい事柄で、すべてに行き届いていない。過去の情報でも表面的で、その正確性も疑わしいものさえある。海外の音楽に関するインターネット情報にも、間違いが修正されぬままになっているものも多々ある。便利だからとインターネットに全幅の信頼をおいている音楽ファンの方には申し訳ないが、それらのツールでも新旧のあらゆるアーティストの情報は調べられない。あらゆるアーティストのすべての発売シングルやアルバムのようなディスコグラフィ、バイオグラフィも完璧ではない。

　なんとかなる、と安心しているととんでもない偽物を掴まされるというのも情報過多の現代ならではだ。だからこそ、特定のアーティストや作品に制約されたライナー・ノーツの音楽情報が貴重で的を得たものとなる。ただ、果たしてそのことが現代の筆者やレコード会社の担当者にどれだけ認識されているかは疑問だ。

V

ライナー・ノーツの特権と、ここでしか公表されない貴重な資料

現代は著作権で厳しく規制されているものも少なくない。写真の使用時に発生する肖像権問題。ポピュラー音楽では、とくにエルヴィス・プレスリーとビートルズには注意が必要だ。雑誌からの複写転載はもちろん、トリミング、出演映画の場面写真も許可されたもの以外はダメ。おなじみのカラオケの映像にもシンクロ権(＝シンクロナイゼーション・ライツの略で、映像と音楽を一緒に使用。分かりやすくいえば映画のサウンドトラックを思い浮かべてもらえれば良い。独自の映像に既成楽曲を使用する場合は著作者の許可がいる)があり、適当に作って流すことは許されない。

　ライナー・ノーツも署名原稿の場合は著者の許可を得なければ、二次使用、あるいは雑誌やパンフレットへの転載は不可、またテレビ番組で流すテロップでの使用、台本にそっくり引用することも許されない。使用写真も、かりに5人が写っていたら全員の許可をとり、1人でもだめなら不可、あるいは部分的に削除する。

　このように写真、文章、音楽、映像など、現代の著作権に関することは多々ある。音楽界の著作権に関して、ジョージ・ハリスンの「マイ・スイート・ロード」やモリス・アルバートの「愛のフィーリング」の盗作裁判は有名な事件だ。しかし、世界的にもそれほど厳しい権利、著作で唯一無許可で自由に使用、転載が許されるデータがある。それがアメリカ音楽業界誌の「ビルボード」や「キャッシュ・ボックス」、イギリスは「メロディ・メイカー」や「ニュー・ミュージカル・エクスプレス」が長年、週間で発表し続けたシングルやアルバムのヒット・チャートの記録だ。とにかくデータのすべてが引用可能だが、重視するのは50年代、ロックン・ロールからの、とくにシングル・ヒット曲の順位が、レコードのライナー・ノーツに頻繁に使われている。

　日本には残念ながら50〜60年代当時は米英に匹敵する雑誌のチャートがなく、AMラジオ各局のヒット・パレード番組の、ばら

V ライナー・ノーツの特権と、ここでしか公表されない貴重な資料

つきのある順位だけで、音楽ファンにアピールするには説得力にかけた。その点ビルボード誌のヒット記録は○年○月○日△位と解説文に書き込めば、ファンに楽曲やアーティストの人気度が伝わりやすく、音楽ファンには水戸黄門の印籠のような効き目があった。そしてこれは日本だけでなくイギリス、本場のアメリカでも同様の効果が期待できたのだから凄い。

ほんらいであれば使用が最も厳しく制限されるヒット曲のさまざまなデータがライナー・ノーツという限られた部分では自由に引用できる。これはライナー・ノーツを書く側と読む側、双方にとり、最も信頼と説得力があるデータだ。

ロックン・ロール誕生以降のアメリカ音楽業界誌が発表したヒット・レコードのデータは、音楽著述者には最低限入手したい資料である。現在は公式にビルボード誌の認可を受けたジョエル・ホイットバーンが40〜90年代までのシングルをはじめ、アルバム、カントリー、R&Bなどの各種チャートを単行本にまとめているから助かるが、70年代まではその入手にはかなり手間取った。

とにかく噂には聞くが、国内でヒット・チャートを全部所持している人を知らないし、現物を見たことがない。(あくまでも推測だが、大御所といわれた音楽評論家の先生ですらもっていなかったから、当時日本でそれらのデータの所有者はいなかったと思われる)アメリカの本家のビルボード社に日本支社を通じて問い合わせてもらっても、権利は主張するが、肝心のデータの原本は保存管理していないといわれた。

せっかくの恰好な資料が自由に使えるのにその元の素材が無いため、部分的に持っている人のチャートをコピーさせてもらったり、日本やアメリカの古本屋で米業界誌を購入と、かなり躍起になっていた頃もあった。その後、ビルボードやキャッシュ・ボックスの新旧の本誌のヒット・チャートのデータを入手し、ライナー・ノーツに記載できるようになり、数年間の思いがかなった。

だが、ビルボードやキャッシュ・ボックスという具体的な書名を出し、細かな年月日や順位の発表は、繰り返すがレコードのライナー・ノーツだけに許された特権である。音楽専門誌を含む雑誌、新聞はそれら業界誌との提携でのチャート掲載で、それ以外具体的な書名を使ったヒット曲の順位の引用もできない。したがってヒット・チャートのデータを引用する場合は、アメリカは△年全米○位、イギリスも同様に全英という表記を使う。

　時々一般読者の方からこの全米○位は具体的にはどこから引用したのかという問い合わせがあるが、大半はビルボード誌のシングル・ヒット・チャートからの引用なのだが、著作権使用の問題から便宜上このような表記を使っている。

　60年代当時のAMラジオのヒット・パレードやリクエスト番組(当時まだFMがなかった)をはじめ、ライナー・ノーツ、音楽専門誌のチャートの順位もビルボード誌のデータを使用したのはなぜか？それは他の米音楽業界誌のなかでも最も歴史のある資料(権威と実績)だからだ。

　ライバルのキャッシュ・ボックス誌が1942年にチャートの掲載をはじめたのに対し、ビルボード誌は、ポップス・チャートの発表を1936年と、それより先んじて発表した。その後は50年代、当時はチャートのデータが分割掲載＝レコードや楽譜の売上げ、ジュークボックスでのリクエスト回数、ディスク・ジョッキーのラジオ番組でのオン・エアー回数を各々週間で集計した3パターンのランク表を発表する。そして58年にその3パターンに分けていたデータをひとつにまとめあげたシングル・ヒット・チャートの100位が誕生する。

　現在では映画や音楽のエンターテインメントに限らず、あらゆる商品の売上げから、食べ物まで、ありとあらゆるものを対象にしたランク付けが広く使われている。データ処理に加え、幅広い世代の

Ⅴ　ライナー・ノーツの特権と、ここでしか公表されない貴重な資料

ユーザーにわかりやすいことがランク付けの普及、浸透につながっている。日本ではテレビでもランキング形式の人気番組があるほどで、いまや個人飲食店からあらゆる商品、はたまた俳優や政治家の好感度などにもランク付けは浸透している。

　そのランク付けをいち早く実施し、ポピュラー音楽の人気を大きく促進、発展する原動力がビルボード誌のヒット・チャートだった。50年代のロックン・ロール、日本ではロカビリー人気が絶頂の時代から、わけもわからないくせに、ビルボード・チャート〇位というだけで、とにかくアメリカでの人気が凄いと思った。

　日本ではまだラジオの一部のヒット・パレード番組(せいぜい20位程度)でしか話題にならない時代に、つねに刺激的な音楽を次々と作り出すアメリカの、権威あるビルボード誌でランキング上位曲といえば心ときめき、無条件で納得する。ポピュラー音楽を聞き、ヒット曲に熱中した人なら、ビルボード〇位がどれほど説得力があるかが理解できる。

　シングルのヒット曲がポピュラー・レコードの人気と売上げの大半を占めていた50〜60年代に、ビルボード〇位や本命盤といった音楽ファンの心をくすぐる宣伝文句が使われたこともそれを物語る。

　だが、無条件、無許可で貴重なヒット・データの引用はライナー・ノーツにだけ黙認されている。それ以外は使用許可を得なければ著作権の侵害、違法行為にあたる。

　ライナー・ノーツ以外で特別に同誌の資料を使った例では、ビルボード誌チャート関連の単行本の宣伝に限り、どの雑誌も掲載されているデータの引用、転載が認められる。繰り返すが、そうした特例以外では雑誌の文中にビルボードやキャッシュ・ボックスの記事、データの引用は同書の許可がなければ使用できない。単行本やムック本、ラジオやテレビ番組のタイトルにビルボード名を使用す

る場合も、許可をとり、幾ばくかの使用料を支払うことになる。最近では個人のインターネットのブログでも引用は要注意だ。
　かりに無許可使用が発覚した場合は高額の賠償金等が請求される。ライナー・ノーツで自由に使っているからといってデータ等を無断で借用するととんでもないことになるので御注意を。これがライナー・ノーツに許された最高の特権だ。

VI

自分が作ったオリジナル・データの掲載もライナー・ノーツで

アメリカ音楽業界誌のデータの引用については以上だが、もうひとつ、これは筆者の裁量と判断で可能となることがある。それが独自に集計、制作したオンリー・ワンのデータの掲載もできることだ。なんの特権でもないとの反論がでてきそうだが、案外見逃されるし、ありネタの引用はあっても、蓄積した資料から独自のデータを作り、公表することは意外とみんなやらない。なぜか、答えは簡単、手間と時間がかかって面倒だからである。ライナー・ノーツのアーティストに重要、貴重な海外にもない独自のデータ、これこそ音楽ファンにもうれしく、プロの音楽著述者としては胸をはれるものである。

　独自のデータはライナー・ノーツの依頼を受けてからの短時間では作成も不可能だ。つまり独自のデータは原稿依頼の有無にかかわらず日頃から作っておくことが最良なのだ。日頃から、いわばライフワークにすればいい。言うは易く行うは難しだが、なにかをきっかけにはじめる、原稿依頼の有無とか、使用目標もなく、ごく私的な楽しみとして時間をかけて作れば良い。とはいうものの、なかなか実行できない。そのくせ他人の作ったものには俺だってと思い、難癖つけるやからがいる。困ったものだ。

　独自のデータ作りがなぜライナー・ノーツの魅力にあげられるのかとの疑問に答えよう。断っておくが、筆者独自のデータがなんでもいいというわけではない。データの内容により、しかもライナー・ノーツで掲載するのに有効なものに限る。

　特定のアーティストに限定された資料なので、一般誌はもちろん、音楽専門誌での発表も難しい。そういう類いの時間をかけて作ったデータで、自分が執筆を担当するライナー・ノーツのアーティストに合致するものならいい。

　時間をかけて独自に作った資料でもライナー・ノーツに使いづらいものもある。私自身の例ではビートルズの全曲カヴァー楽曲リス

VI 自分が作ったオリジナル・データの掲載もライナー・ノーツで

トやテレビCM使用洋楽楽曲リストがそれで、数があまりにも多く、一部の引用しかできない。後にそれらは幸いにも単行本として出版する機会をいただいたという場合もある。

かたやライナー・ノーツに生かされた独自の資料には、ザ・バンドやグランド・ファンクの年表、クロスビー、スティルス、ナッシュ＆ヤングの人脈図など、かりにそれらが一部の音楽ファンの役にたっているなら幸いだ。

それらの資料もライナー・ノーツでしか見、入手できないことに価値がある。これもライナー・ノーツならではの魅力といえる。もっとこのような事例が増えればライナー・ノーツを楽しみにレコードやCDを購入するユーザーも増えるだろう。しかしながら私自身もそうだが、長年海外から新旧のデータを集め、ただただその引用だけをしてきた日本の音楽著述者には、その染みついた習慣の殻を破り、自分のオリジナル・データを作ることは容易ではない。面倒、時間がない、大変などの理由だけでなく、何をどう作るかというアイデアやテーマが必要、かつ重要だ。

文才のある執筆者や音楽専門誌の編集者、さらにレコード会社の洋楽担当者ですら、とにかく興味深い企画を捻出するアイデアが不足し、不得手である。長年アーティストの人気や知名度頼りの楽な仕事をしてきたから、いまさら発想のギアを入れ替えることは簡単ではないのだろう。むしろ一般誌や音楽とは別種の分野の仕事をしている人達のほうが独創的なアイデアや企画力に優れている。とはいえ残念だが現在はたとえ企画力やアイデアがあっても、既存も含め、独自データの使用に値するアーティストがいない。日本だけでなく、ポピュラー音楽の流行やスターを多数送り出してきた本家のアメリカ、イギリスとも低調な現状ではライナー・ノーツ以前の問題である。

VII

日本のライナー・ノーツの魅力
＝暗黙の条件

いままでにも述べてきたが、日本独自のライナー・ノーツの魅力は、音楽ファンに丁寧で役立つ的確な情報が得られる点だ。そしてこの日本独自のライナー・ノーツは、50年代から時間をかけてベーシックなパターンが作り上げられてきた。

　序文(その時々の海外での音楽状況やアーティストの魅力について)、アーティストの生年月日、出身地やデビュー以前と以後の経歴、実績等のバイオグラフィー、アルバムについてのコメント(何作目か、前作から何年ぶりかとか、プロデューサーは、参加ミュージシャンについて、収録曲の解説)が60年代から定番になったライナー・ノーツにおける文章の配分内容だ。

　またこれが50年代からライナー・ノーツを手探り状態で書いてきた諸先輩方が、地道な作業の積み重ねで形作った「こうあることが望ましい」という手本＝暗黙の条件(ルール)である。

　俺流で、ルールは時代とともに変わるなどと、つっぱったことを言う輩や、関係ないねと妙な反骨精神をもつ者もいるかと思うが、書き手個人ではなく、読み手が納得できるそれ以上のライナー・ノーツの新しいパターンが提示できるなら、それはそれで結構だ。

　規則でもないし、この形式をまもらなくても罰則はない。だが、商品を購入し、ライナー・ノーツに期待と信頼を抱いて読む音楽ファンからは苦情がでるだろう。なぜなら、日本の音楽ファンには長年馴染み、ライナー・ノーツとはこういうものでは？という印象が強く焼き付けられているからだ。

　いかに達筆で文才があろうと、自分の理路整然とした考えを述べ、体験を語ろうと、肝心の作品やアーティストについておさえておかなければならない事柄を適当、あるいはないがしろにしては、苦情以前にライナー・ノーツの体をなさない。

　もちろん、これは書き手だけの問題ではない。依頼を受ければ書き手個人の判断、責任だが、根本的な問題はライナー・ノーツを依

Ⅶ 日本のライナー・ノーツの魅力
＝暗黙の条件

頼する側にある。原稿の内容しだいでは依頼する側の担当者の能力、資質も問われる。

オールマイティではない筆者の得手、不得手を把握していれば、原稿の上がり具合をおおかた予想できる。もし把握していても、書き手の経験値が乏しいなどの不安を感じたら、最低限の的確な指示を与える必要がある。すべてではないが、70年代までのライナー・ノーツの依頼時には、たとえ信頼があっても今回はこうしてほしいなど、時々担当者の狙いを反映する注文があった。

もっともライナー・ノーツの依頼者＝レコード会社の洋楽ディレクターとは聞こえがいいが、所詮は会社員である。ディレクターになるまで特別な研修、訓練を受けていない。マニュアルもない、先輩たちの助言や彼らのやり方を見よう見まねで作業する。それは昔も同じだが、70年代までと現在の大きな違いは、ポピュラー音楽が「好き」という度合いが格段に違った。

駆け出しの評論家が顔負けの音楽知識を持つ者、優れた文才の持ち主など、担当者としての自覚と責任を持ったディレクターがいた。だから彼らは、締切りを守らない、いい加減な内容の原稿は書き直させる、時にはそういう筆者にライナーを頼まない、という厳しい人もいた。書き手とともに依頼者も自分が担当したライナー・ノーツには責任をもっていたからだ。

もし書き手、依頼者がよいライナー・ノーツを望むなら、互いの立場を置き換えて考えれば答えは見つかるはずだ。ボタンの掛け違いのような不適格な依頼や何を書いているのか不明瞭な、あるいは私的な、さらに読み手が求める情報がどこに書いてあるか分からないようなライナー・ノーツはなくなるだろう。

ライナー・ノーツを含め、案外ポピュラー音楽についての原稿依頼は、特定のアーティストやジャンルの作品は何を書くかはおまかせで、判で押したように同一筆者に依頼することが多い。原稿の上

がりに不安はないが、ここで軽視されることが、おまかせ＝慣れの落とし穴である。

　信頼できるからといって、依頼者が妥協した原稿をそのまま受け流すと最悪な結果になることもある。とくにライナー・ノーツで時々見受ける例では、海外のどこどこで○○アーティストに会ったとか、△△コンサートの感想を書いたり、コンパクトな文章ならまだしも、どうだと自慢話のように長々と、それを読まされる音楽ファンはみな同じような感想を聞かせてくれる。

　「お前の個人的な話はどうでもいい。まともなライナー・ノーツらしい文章を書け。金を払って読むのは俺たちだ」という苦言を何度も耳にした。私も同業者だから何とかならないか、という耳が痛くなる話を聞かされるが、心苦しいがなんともならないのが現状だ。

　自分自身の責任と自覚、反省は無論のこと、このようなライナー・ノーツに関する不満は以前から感じていた。だから前述のように自分が監修した企画レコードやCDのライナー・ノーツやムック本の原稿依頼には、担当ディレクターや編集者から助言を求められた時、適任の同業者しか推薦しない。いつも依頼される側の私が逆の立場になった時、原稿に相応しい筆者を選択する自信がある。

　日頃から他の筆者の原稿を読み、彼らが得意とする音楽やアーティストを理解していれば、面識の有無にかかわらず誰に依頼したら良いか、迷うことはない。常に他の筆者の原稿を読み、特徴や長所を把握していれば決して難しいことではなく、誰でも可能だ。むしろ原稿を依頼する者は義務として心がけておくべきことだ。だが、実際に怠たる、あるいは受け取った原稿をしっかり読んでいないから、ユーザーから苦言が寄せられるライナー・ノーツが出てくるのだろう。

　誰が書いてもライナー・ノーツがユーザーに渡った時点で、読み

Ⅶ 日本のライナー・ノーツの魅力
　＝暗黙の条件

手にとって筆者の経験値や筆力は関係ない。それで幾ばくかの収入を得るからプロであり、当然お金を払う読み手は厳しい要求をする。たとえば二足のわらじ的なアルバイト感覚だから……などの筆者の個人的な事情はどうでもいい。言い訳をするような内容の原稿なら依頼を引き受けなければいい。

　本の制作にもこのことは通じる。かつてムック本の監修、制作の依頼を受けた時のことだ。ライナー・ノーツとは異なり、原稿の量、執筆を依頼する筆者の人数もそれなりに多い。頼めばなんとかなるが、あえて信頼できる筆者を4〜5人にしぼった。理由は簡単だ。本の完成度を上げるため、各人のノルマはきついが、期待と信頼に応える筆者を想定しての結果だ。予想通りの納得できる本ができ、幸いにも音楽の雑誌書籍では異例の完売になった。

　つまり、本、ライナー・ノーツも、誰に原稿を依頼し、書いてもらうかが重要である。原稿依頼という最初のボタンを掛け違えると取り返しがつかない。とくに何気なく、さりげなく、安易な原稿依頼が日々おこなわれているライナー・ノーツならなおさらだ。

　雑誌や単行本は店頭で内容を見られるが、国内盤のレコードやCDは一部店頭での試聴は可能でもライナー・ノーツの内容までは確認できない。一般的には試聴もしないし、ましてライナー・ノーツの善し悪しでのレコード購入はない。

　しかしお金を払うユーザーは、作品は納得してもライナー・ノーツへの不満にはためらわずに苦言をいう。作品を発売するレコード会社は日本独自のサービスだからと、心のなかではそう厳しくいわないでなんて、もしかしたらつぶやいているかもしれない。でも文句をいうのはお金を払うユーザーの特権だから仕方ない。

　このように日本盤のライナー・ノーツはアナログからCDに変わっても切り離せない存在であり、もっとも音楽ファン＝ユーザーの標的になる。購入した音楽作品には満足しなくても苦情はいえな

い。だがライナー・ノーツは別、不公平だがしかたがないのだ。どんな人が読むかはわからない、とくにアナログ盤からCDに変わってからはますます特定の作品についてその価値が重要になっている。それが旧譜、日本独自の企画や編集物、そして国内盤未発売の復刻作品は、情報の得やすい新譜より、その内容に音楽ファンの期待と注目が集まる。

　なぜこれらの作品のライナー・ノーツが音楽ファンに重要か？　答えは極めて簡単である。それらの作品は情報過多の現代でも、音楽専門誌は記事に取り上げないし、アーティストによってはインターネットでも調べられないものもある。ライナー・ノーツこそ最も身近で頼りになる情報源だからだ。

　情報はインターネットの音楽サイトでなんとかなると信じ切っている人がいたら、それもとても危険だ。サイトの情報には誤りもあるし、なかには何年もそれが修正されていないものもある。ひとつの目安として利用するには便利だが、全幅の信頼をおくのは不安だ。だからこそ、ライナー・ノーツの価値を高める機会なのだ。

　そこで書き手が守るべき条件が、アーティストのデータ(バイオグラフィー、ディスコ&ヒットグラフィー、音楽の特色＝セールス・ポイント、その作品は何枚目か？　何年ぐらい、どのような状況で活動したのか？　その当時の評価は？　そして現在は？　など)が書かれていれば文句ない。さらに欲をいえば、読み手に見やすく、分かりやすい状態に構成、処理されていれば、そのアーティストの他の作品にも興味を抱いてもらえる可能性もある。

　ライナー・ノーツに書かなければならない必要条件は、そのアルバムでポピュラー音楽ファンをスタートする初心者から、ひと言意見のある熱心なマニアック派まで、少なからず影響を与えうる鍵になる内容が書かれているかどうかだ。日本のポピュラー音楽ファンとライナー・ノーツとの出会いは、大げさな言い方だが、以後の楽

Ⅶ 日本のライナー・ノーツの魅力
　＝暗黙の条件

しみ方やライフワークとしての趣味を左右することにもなるのだ。

　個人の音楽の趣味趣向、判断や決断力、性格なども影響するが、レコードやCDに付くライナー・ノーツは、何を書いても自由ではない。その作品とアーティストという制約のなかで納得、成立する内容でなければならない。したがって前述した必要条件を書くことも、強制的にいえば筆者の義務である。

　ところが現状は、とくにCDになってから米英原盤のアルバム・ノーツの翻訳掲載やアーティストのインタビューをのっけたものが目立つ。果たしてアルバム・ノーツの内容が日本のファンにもどれほど有意義な内容だろうか？　疑問だ。

VIII

ライナー・ノーツは
必要か、否か

A社は誰、B社は何々と、近年はライナー・ノーツを執筆する筆者もレコード会社で偏りがある。レコードがよく売れた70年代を経験した者には奇異な感じだ。なぜ奇異か？　70年代までのライナー・ノーツの執筆者は、得手不得手はともかく、まんべんなく、さまざまなレコード会社から原稿を依頼されていた。それが現在では特約店契約のようなライナー・ノーツの発注と執筆、裏を返せば双方に楽な作業が行われている状態だ。

　いかに音楽状況が低迷、CDが売れないとはいえ、ライナー・ノーツは添付する以上、誰が書いても構わないが、高いクオリティの内容は必要だ。ところがユーザーからの苦情が絶えない、国内盤の購入に愛想をつかしたという現状を知るにつけ、依頼者と執筆者がやりとりする現在のライナー・ノーツのハードルが、どれほど低いかが推し量れる。

　もしかりに、低迷する音楽状況に関係なく、常に音楽ファンから歓迎されるライナー・ノーツを書く執筆者ならば、原稿依頼も特定の会社に限定されることはないはずだ。そうではない現実が、ファンは正直者で、近年のライナー・ノーツへの苦言、苦情になっている。

　以前はポピュラー音楽の著述を生業に志した者にとり、ライナー・ノーツが執筆者デビューへの最初の関門だった。自分が書いた文章が誰に読まれるのか、どう思われるのかと、考えをめぐらせ、はじめてのライナー・ノーツは締切までに何度も手直しをする。書き慣れていない者には、緊張と集中力がライナー・ノーツの執筆には必要だった。そして常に、こう書けばよかったなどと、反省と後悔がついてまわる。

　書き慣れるまでには苦労したという苦い思い出がある。そんなごく私的な感慨はとにかく、人ごとながら、どんな思いで最近の若い執筆者達はライナー・ノーツを書いているのか。締切に追われ、た

VIII ライナー・ノーツは必要か、否か

だ書くことに必死というのが現実か。個人差はあるにしろ、まがりなりにも多くの筆者達も通ってきた道だから、それも致し方ないとは思う。たが、書く、締切りの厳守も大切だが、いつの時代も問われるのは原稿の内容だ。

　CDが売れないといわれている状況でも、お金を払ってパッケージ商品を購入してくれる音楽ファンのためにも、「書けばいい」、「付けなければ」という義務的なライナー・ノーツならば必要ない。もはや近頃の苦言が多いライナー・ノーツは、いままでの慣例に従った表向きだけとり繕った義務のようなものだ。依頼者、筆者ともに、「なぜ！ライナー・ノーツを付けるのか」を各人が真剣に考えているのか、果たして……。

　近年は足繁くレコード店通いをし、ほしい盤を必死に探すことが面倒くさいといわれる。もはやレコードやCDはお金より足を使って探す、多少は苦労して手に入れることが楽しい、というのは昔話のようだ。とにかく手っ取り早く、手間暇をかけずに音が入手できればいい。だからネット配信での音楽、アルバム購入が盛んだ。たしかにレコード店に行かない、音楽を配信で入手して聞く、これだとジャケットやライナー・ノーツは必要ない。品物へのこだわりが希薄、不要品の捨てる手間も配信なら消去すればすむという合理的で、味気ない考えが通常化していることを物語る。

　だからライナー・ノーツはいらないという理屈も成り立つ。いやいや、結論をだすのは早計だろう。問題は要、不要以前に、ライナー・ノーツについてもう少し考えてみてもいいだろう。現状のライナー・ノーツを踏まえて、誰が書くかではなく、何をどう書くかが最初のポイントだ。

　依頼者も面倒くさがらずに、多くの注文を筆者に要求して完成度の高い原稿を書かせ、商品を購入する音楽ファンのニーズに応えるライナー・ノーツを付けなければならない。国内盤の売り上げが伸

び悩む状況は、魅力的な音楽不足、それらの状況の低迷ばかりが原因ではない。

　輸入盤よりやや高い価格、それも一要因だが、国内盤洋楽特有のライナー・ノーツにも原因があることをレコード会社の担当者は認識する必要がある。ボーナス・トラックを追加して輸入盤との差別化をアピールすることもいいが、音楽ファンの怒りや失望をかうようなライナー・ノーツでは元も子もない。こうした日々の積み重ねが現在の不況の一端にもつながっている。

　アナログ・レコードの時代までは、多くの筆者が全レコード会社を横断するかたちで原稿の依頼を受けライナー・ノーツを書いていた。そもそも発注者と筆者の間には、ライナー・ノーツを通した信頼関係があった。しかも、どんなに音楽知識があっても誰彼構わず書かせてもらえない。

　ライナー・ノーツを書く、依頼されるための条件が筆者には要求された。当初はどうすれば書かせてもらえるのか疑問で、実績、知名度もない者が、いかに音楽好きでも「いいですよ」といわれるわけがない。まずはレコード会社に足繁く通い、ディレクターに顔と名前を覚えてもらい、自分の仕事の内容を理解してもらうことから始まる。自分の仕事がレコード会社にどれほどのメリットがあるかが、ライナー・ノーツを依頼されるポイントである。

　フリーの音楽評論家より、ライナー・ノーツの依頼が受けやすく、手っ取り早く書く有利な立場の職業が、ラジオ局のプロデューサー、洋楽番組を担当するディスク・ジョッキーや局のアナウンサー、音楽専門誌の編集者(音楽欄を担当する一般誌や新聞記者)である。当時はレコード各社のディレクターや宣伝員がAM、FMラジオ局やさまざまな雑誌、新聞などを頻繁に廻ってプロモーション活動をしていたので、ライナー・ノーツの依頼や原稿の受け取りも、プロモーションを兼ねた日常の活動のなかでおこなわれていた。

Ⅷ ライナー・ノーツは必要か、否か

　フリーの筆者はレコード会社のメリットになる媒体をもつことが、ライナー・ノーツを書く決め手だった。ラジオの音楽番組の選曲、構成、しゃべり、専門誌や一般誌の音楽欄のレギュラー執筆が該当する。70年代前半頃まではラジオ番組や雑誌のレギュラーをもつことは、なかなか容易ではない。とくに専門誌以外、一般誌は音楽欄を設けている一般の雑誌は数えるほどしかなかったからだ。数冊のコミックや男女のファッション誌、若者向けの娯楽やさまざまな流行と社会現象を扱ったカルチャー雑誌である。

　それだけに、当時音楽欄(主にレコード紹介)を設けていた少数の一般誌は、若い読者に対して専門誌以上の強い影響力をもっていた。当時若者に人気があった某週刊誌は、作品が同誌の紹介欄に掲載されるか否かで、レコードの売り上げが変化した(これは本当の話)。レコード各社の宣伝会議でも、常に重視する媒体の上位にあげられた。

　そしてレコード会社のディレクターからライナー・ノーツの依頼を受けるということは、筆者が前述のような条件を満たし、信頼を得たことになる。ライナー・ノーツを通したディレクターと筆者の信頼関係は、期待と予想を裏切らない原稿の出来具合をも意味する。あえて注文をつけなくても、ふさわしい内容のライナー・ノーツを書いてもらえる(一般的、通常は)はず(?)ということだ。

　私の知る限り、70年代までのレコード会社のディレクターは、他社のライナー・ノーツを誰が書いているかもチェック、筆者の原稿内容やメディアでの活動などをみて、自社の担当するアーティストの作品にも一筆依頼した。またディレクター同士の情報交換で筆者を推薦、あるいは悪い評判(事情はいろいろ)が伝わることもあった。現在はレコード各社のディレクター同士が交流、情報交換もない。原稿の依頼や受け取りにしても、筆者と一度も対面していない者もいる。

筆者もレコード会社に行かないし、仕事は電話やメールで済ますことも珍しくない。このような状態だから、仕事はますます義務的になる。これでは音楽ファンの要望や期待に応えるライナー・ノーツは望むまでもない。いろいろな事情はあっても、せめて原稿の依頼時、あるいは受け取り、どちらかはディレクターと筆者が実際に会い、ライナー・ノーツの内容についても話をすることが大切である。

　対面せずにメールや電話でのみの簡単な打ち合わせや仕事の依頼では、互いのやりとりの時間や手間は省けるが、細かな意思の疎通ができない。人間なら誰しも、余程の心配症か、かなり神経質な人でない限り、何度もやりとりすることが面倒になり、目をつぶり、妥協する。これが日常化すると、内容に難のある原稿も受け入れてしまう。とにかく締切に間に合い、無事入稿すれば仕事は終了ということになる。

　ましてライナー・ノーツを発注するレコード会社のディレクターは文章を扱うプロではない。雑誌や単行本の編集者に比べれば、文章の読解力は一般の読者とさほど差はない。しかしながら依頼したライナー・ノーツを読む以上、音楽に関する専門知識とそこそこの読解力があればそれで十分である。

　それだけに発注するライナー・ノーツについては、筆者まかせにしないで、文章には細かい注文をつけてほしい。いいものを作る気があるなら、要望に応えられない原稿は何度も書きなおしをしてもらってもかまわない。書きなおしを拒否したり、できないのなら断ることも辞さないという強い姿勢で臨むべきである。ま！現実にはそうはしないだろうし、それ以前、こう書いてほしいという原稿への注文もなく、出来上がった文章の内容にさえそれほど気にもしないのが現実かと。

　結局、レコードのライナー・ノーツを書く筆者は消耗品で、依頼

するディレクターはサラリーマンだから、プロフェッショナルな心構えや姿勢を問うても意味がない。ディレクターが代われば、依頼される筆者も変わるということを繰り返してきた。これはどの社会でも日常的によくあることだが、担当者はかわっても、適任の筆者を選ぶ目をもてばいいことだ。今後レコード会社の洋楽担当のディレクターを目指す人には、日頃から多くの、とくに音楽関係の文章を読み、筆者の特徴を把握していれば自分がその立場にたっても難しいことはない。

　また国内レコード各社の担当者は以前からよく言えば受け身的、自分から積極的に動く人が少ない。だからライナー・ノーツの筆者の選択にもその傾向が強く反映される。本当に満足できるライナー・ノーツを求めるなら、日頃は親交がなくとも、期待と要望に応えられる筆者に原稿を依頼することも必要だろう。しかし、これもまた日頃から多くの筆者の文章に目を通していなければできないことである。

　レコード会社のディレクターは音楽知識にたけていることと同等に、読書も重要である。

　70年代までのディレクターは帯の宣伝文句から収録曲の邦題付け(これが結構苦労する)、時には宣伝チラシの文章執筆、さらには翻訳もやることがある。だからそんな時に役立つのが読書の大切さ、表現力やボキャブラリーの有無などは本を読むことで養われるからだ。もちろん、筆者にライナー・ノーツを依頼し、原稿を読むことにも通じる。レコード会社の現場以外にも、読書の重要性が軽視され、活字離れが広がる深刻な傾向にある。

　かつては宣伝媒体として無視できなかったメディア＝ラジオの音楽番組や音楽専門誌、一般雑誌など、その影響を受けた若い世代が興味、関心を持たなくなった。いわゆるラジオや活字離れといわれる現象だ。もっともポピュラー音楽自体も若者を刺激する作品や

アーティストがいないから仕方ないことかもしれない。

　最もポピュラー音楽、流行に敏感な若い世代のユーザーが興味、関心を示さなくなった理由は、時代にともなう状況や環境の変化が関わっている。その典型的な例がネット配信の飛躍的な伸びである。70年代は輸入盤、80年代からはレンタル・レコード、そして現代はネット配信と国内盤には次々と売上げの障害が押しよせてくる。

　とくに厄介なのがネット配信だ。商品へのこだわりがない世代が、早くて楽なネット配信に依存することは音楽産業の根幹を揺るがす大問題という認識、危機感をレコード各社はそれほど切実に思っていない感がある。頭の中では思っていても、何ら新たな対策をこうじていないし、むしろ自らネット配信に参入している。これではパッケージ商品が売れなくてもしょうがない。二兎を追うもの一兎をもの例えがあるように、欲のかきすぎなんだから当然の結果である。

　使い捨て、物品への愛着やこだわりが希薄、これが現代の若者だ。彼らは大量消費、なんでも簡単に入手できる環境下で育った。それゆえに高齢者やその仲間入りをした団塊世代に比べると、とにかく唖然とするくらい諦めも早い。

　音楽については、好きな作品やアーティストを探す時、手間と暇をかけない。レコード店に足を運んだり、何件かをまわるなどありえない(余計なお世話でしょうが、これが結構楽しいのだが)。せいぜい一店舗に行けばましな方、大半はネットで検索、通販で注文、ほしいと思った時に、目的のものがなければ簡単に諦める。それだからネット配信は彼らの性格、嗜好に合致する。

　音楽は好きでも商品(レコードやCD)をもつことは、処分するときに面倒、ネット配信なら目的のものを入手し、飽きたら消去すればいい。当然ジャケットやライナー・ノーツは不要だ。きわめて合理

的で味気ないドライな思考である。そういえば80年代後半のCD時代到来時、アナログはレコード針の操作や盤のAB面をひっくり返すのが面倒などという、あきれた意見が聞かれたことを思い出す。

　こういうユーザーを相手にしたらライナー・ノーツ云々かんぬんは問題外の話だ。だが、まだレコードやCDの商品にこだわりを持つファンがいないわけではない。彼らはネットや通販も利用するが、新旧の盤を扱う店通いも欠かさない。そういうユーザーには国内盤未発売を除き、ライナー・ノーツは不可欠である。

　近年はそういう音楽ファンのニーズを見込み、インターネットでのCD販売に対応したレコード各社とは異なる独自のライナー・ノーツを添付するサービスもおこなわれている。実際にそれらのライナー・ノーツをみてないので意見は差し控えるが、これもここ何年間にわたる既成のそれに対する不評、不満のあらわれか。そのサイトでは、ライナー・ノーツが姿を消して10年……という文言があり、レコード会社の既成商品のそれへの不信感がうかがえる。

　あたかもいまのままの、付けなければという義務的な感じのライナー・ノーツならばますます形骸化していく。修正不可なら、この際思い切って止めてもいいだろう。ユーザーからライナー・ノーツに苦情が出始めた頃に、私は各レコード会社の洋楽部門のトップや一部のディレクターらに進言したことがある。ライナー・ノーツを廃止して、そのぶんレコードの価格を安くしたらどうだろうと。いまだ実現しないが、音楽ファンのことを考慮するなら一理あるだろう。

　ライナー・ノーツは無くてはならないものではない。だが、長い年月慣れ親しんだ日本のポピュラー音楽ファンには絶ちがたい愛着、未練がある。私も役にたたないものなら廃止して、商品の価格を安くしたらとはいったが、ライナー・ノーツ否定論者ではない。

心情は可能な限り続けてほしいと願う。

　きれい事や理想論ではなく、レコードやCDを購入した音楽ファンがひとりでもお金を払ってよかったとか、商品の価格以上の価値があるライナー・ノーツを手にした喜びを体験してもらいたいからだ。かくいう私自身もそういう体験を経て、ポピュラー音楽に心酔し、それが生業になった。

　もちろん、多くのレコードを聞き、ライナー・ノーツを読むことで、音楽の知識と好奇心が刺激され、耳にする分野も格段に広がった。音楽ファンにはライナー・ノーツが好奇心と探究心を同時に満たす促進剤でもある。

　そもそもライナー・ノーツの有無を問われるのは、やはり長年にわたり受け継がれた日本独自のものだからだ。音楽は海外の受け売りでも、ライナー・ノーツは日本のレコード会社と多くの執筆者が作り出した魅力的なコンテンツである。ポピュラー音楽の老舗の米英にもない贅沢な特典のライナー・ノーツの、さらに内容の充実をはかることが現役のレコード会社のディレクターや筆者の使命だと思う。

　とかく問題視されると、人は極論の有無にはしりがちだが、内容に難ありきでも、良き伝統は継承する方向で改善の道を探ることも可能かと思う。しかし、猶予を与え、それでもダメならやむなしということもありえる。とにかく現場に関わる人の自覚と意識の変化、音楽への情熱が化学反応を起こす力になるはずである。

IX

かまち潤のライナー・ノーツ
(未発表作品を含む)

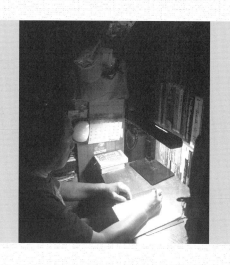

サイモン&ガーファンクル　SIMON AND GARFUNKEL

　数多くの屋外公演のなかで最も劇的で印象深いステージが、70年に活動休止を宣言し、それから11年後に一夜限りの再結成公演行ったS&Gだ。犬猿のなかと伝えられた彼らがまた再びライヴを行うその心境とは？　舞台裏で複雑に絡んだ人間模様は、ここに記録された映像からは微塵もうかがえない。だからこそ複雑で微妙な心境で作品に目を向け、原稿を書くことに妙な興奮とドラマ性を強く感じた。

＜以下、1988年発売のLDに掲載された、かまち潤のライナー・ノーツより転載＞

サイモン&ガーファンクル『イン・セントラルパーク』

SIMON AND GARFUNKEL
THE CONCERT IN CENTRAL PARK

SIDE 1

- Chapter ① ミセス・ロビンソン
- Chapter ② 早く家に帰りたい
- Chapter ③ アメリカ
- Chapter ④ 僕とフリオと校庭で
- Chapter ⑤ スカボロー・フェア
- Chapter ⑥ 四月になれば彼女は
- Chapter ⑦ リトル・スージー
- Chapter ⑧ 時の流れに
- Chapter ⑨ アメリカの歌
- Chapter ⑩ 追憶の夜
- Chapter ⑪ スリップ・スライディング・アウェイ
- Chapter ⑫ ハート・イン・ニューヨーク
- Chapter ⑬ ザ・レイト・グレート・ジョニー・エース

SIDE 2

- Chapter ① 僕のコダクローム～メイベリン
- Chapter ② 明日に架ける橋
- Chapter ③ 恋人と別れる50の方法
- Chapter ④ ボクサー
- Chapter ⑤ 旧友
- Chapter ⑥ 59番街橋の歌
- Chapter ⑦ サウンド・オブ・サイレンス
- Chapter ⑧ 追憶の夜

ALL SONGS COPYRIGHT PAUL SIMON except WAKE UP LITTLE SUSIE by B&F Bryant
Produced by James Signorelli

1981年9月19日、午後6時半、肌寒い気候にもかかわらず50万人にもおよぶ人々がニューヨーク、セントラルパークの広場を埋めつくしていた。1960年代アメリカ・ポピュラー・ミュージック界を代表するデュオ、サイモン&ガーファンクル復活、というショッキングでセンセーショナル、かつホットなニュースが、これ程までに多くの人々の心を、この広場へとかりたてたのである。

思えばこの日から遡ること10年前の1971年12月、"アートとは現在別行動だ。今後2人が再び、共に活動することも考えられる。僕らは誰にも負けない仲の良い友人同士さ、でも今2人が共に活動する予定はないんだ。"とポールはインタビューに応え、サイモン&ガーファンクル復活を望む多くのファンに、解散宣言ともとれる微妙な言葉を投げかけたのは記憶に生々しい。

"今まで発表したどの作品より良い曲を収め、歌も納得のいくより良い出来だった"、と彼ら自身も満足気のアルバム、『明日に架ける橋』を発表したのが1970年、これはわずか1年そこそこで、世界中の700万ともいわれる人々の愛聴盤となった。そして、このビック・ヒットをデュオ活動のひと区切りとし、ポール・サイモンとアート・ガーファンクルは、レコードに、映画に、とそれぞれ別の道を歩み出したのである。

2人は中学時代からの旧友で、1957年にはトム&ジェリーの名でマイナーのビッグ・レーベルからレコード・デビューしている。ファースト・ヒット「Hey Schoolgirl」が記録されたのもこの頃だが、当時の彼らは多分にエヴァリー・ブラザーズなどの影響を強く受け、その音楽スタイルは粗削りなロックン・ロールだった。その後も2人はデュオで何枚かのシングルを、又はポールはジェリー・ランディス、ポール・ケーン、トゥルー・テイラーの名でソロ、それにティコ&トライアンフスのニュー・グループで、アートもアーティー・ガーの名でソロ、と1960年代前半までに数々のシングル・レコードを発表しているが、取りたてて話題にするような輝かしい足跡は残されていない。

そんな2人が再デビューを志し、サイモン&ガーファンクルとして活動を始めたのが1964年、CBSコロンビアからシングル・カットされた「サウンド・オブ・サイレンス」が2年後の1966年早々、全米第1位を記録、念願の人気ポピュラー・スターの仲間入りを果した。

この1960年代半ばといえば、ポピュラー界はビートルズ人気、それにケネディ大統領暗殺、ベトナム戦争、と暗い世相を背景にしたアメリカでは

反戦歌が流行、ボブ・ディランやバーズなど、フォーク・ソング出身のアーティストが、ロック・サウンドにのってフォークを歌うフォーク・ロックが人気を集めていた。サイモン&ガーファンクルもまた、こうした動きにフィットした音楽、創作活動によって頭角を現わしたのである。

"たった一本のギターがあればビートは必要ない。僕らの音楽に必要なのはムードやフィーリングだ。"ポール・サイモンは自ら語ったこの言葉を1970年発表のアルバム『明日に架ける橋』まで6年間にわたる活動で実践、サイモン&ガーファンクル音楽を確立した。

1970年以後も、2人は各々の活動を尊重しつつ互いに友人、旧友としての関係を保ち、1972年6月マクガバン支援コンサートに出演、'75年には久々のデュオ、ニュー・レコード「マイ・リトル・タウン」を発表し、その度、彼らのファンを一喜一憂させてきた。そして1981年9月、このセントラルパークでのコンサートは、空洞化しつつある数多くのファンの憧れと夢の実践者、英雄伝説の復活と低迷を続けるアメリカポピュラー界へのタイムリーな刺激となってはね返ってきた。

1-1 ミセス・ロビンソン (Mrs.Robinson)

オープニングは1968年の全米第1位曲。同年発表の彼ら通算で4枚目のアルバム『Bookends』、映画サントラ盤『The Graduate(卒業)』収録作品。

1-2 早く家に帰りたい (Homeward Bound)

ポールが単身イギリス旅行中(1965年)、望郷の念にかられ作った歌。彼ら3枚目、1966年発表のアルバム『Parsley, Sage, Rosemary And Thyme』収録、同年シングル発売され全米5位を記録したヒット曲。

1-3 アメリカ (America)

彼ら通算4枚目アルバム『Bookends』収録曲、1972年にシングル・カットされ、ヒットとしては90位台と低調な記録に止まった。

1-4 僕とフリオと校庭で (Me And Julio Down By The Schoolyard)

1972年発表のポールのソロ・アルバム『Paul Simon』収録曲。同年「Mother And Child Reunion」に次いで同アルバムからの2作目シングル・カット曲、全米ヒット・パレード22位を記録した。

1-⑤ スカボロー・フェア
(Scarborough Fair)

古い英国民謡をベースにして作りあげた曲。彼ら3枚目のアルバム『Parsley, Sage, Rosemary And Thyme』及び映画サントラ盤『The Graduate』収録曲。1968年にシングル発売され、同年春全米ヒット・ランクで11位を記録した。

1-⑥ 四月になれば彼女は
(April Come She Will)

現実の愛とは、といった風刺的ニュアンスを秘めたこの作品は、1965年末に録音され、翌年彼らの2枚目のアルバム『The Sounds Of Silence』に収められ、発表された。

1-⑦ リトル・スージー
(Wake Up Little Susie)

彼らの好きなアーティスト、デュオの先輩、エヴァリー・ブラザーズ1957年のビッグ・ヒット。めったに他のアーティストの作品を取りあげない彼らが、初のこのライヴに収録、1982年夏にシングル発売し、全米ヒット・ランクで27位を記録した。

1-⑧ 時の流れに
(Still Crazy After All These Years)

1975年発表の同タイトル、ポール・サイモンのソロ・アルバム収録曲。別れた恋人への変わらぬ愛を綴ったラヴ・ソング。ポールのソロ・ヒット('72年以降)としては9曲目にあたり、1976年春、全米ヒット・ランクで40位を記録した。

1-⑨ アメリカの歌(American Tune)

キリスト受難の歌(讃美歌136番)をモチーフに悩めるアメリカの姿を歌いあげたメロディアスなバラード。1973年発表のポールのソロ・アルバム『There Goes Rhymin' Simon』収録曲。同年暮にシングル発売され、翌'74年早々、全米ヒット・ランクで35位を記録した。

1-⑩ 追憶の夜 (Late In The Evening)

ラテン・リズムを取り入れたライヴならではの活気に満ちたこの曲は、1980年発表、ポールのワーナー・ブラザーズ・レコード移籍第1作ソロ、また自身の出演した映画サントラ盤『One-Trick Pony』収録曲。同年シングル発売され、秋に全米ヒット・ランクで6位を記録した。

1-⑪ スリップ・スライディング・アウェイ(Slip Slidin' Away)

1977年発表のCBSコロンビア・レコードでのポール・ラスト・ソロ・アルバム『Greatest Hits, Etc.』収録曲。同年秋にシングル発売され、

翌'78年早々、全米ヒット・ランクで5位を記録した。

1-12 ハート・イン・ニューヨーク (A Heart In New York)

自分の住居、活動の本拠、ニューヨークを讃美した歌。1981年発表のアート通算で5枚目のアルバム『Scissors Cut』収録曲。同年同アルバムからの第1作シングルとして発売され、全米ヒット・ランクで66位を記録した。

1-13 ザ・レイト・グレート・ジョニー・エース (The Late Great Johnny Ace)

ジョン・レノンの死を悼んで作られたというこの曲、ポール自身も3人のジョンの死(ジョン・F・ケネディ、ジョニー・エース)を素材にと語り、レノンの死が報じられた時、1954年に他界した黒人アーティスト、ジョニー・エースのレコードをひっぱり出して聞き、人間の死のはかなさをかみしめた、と述懐している。尚、この作品は世界でも唯一、このディスクでしか聞き、観ることのできない貴重なものである。

2-1 僕のコダクローム〜メイベリン (Kodachrome 〜 Mabellene)

「僕のコダクローム」は1973年発表ポールのソロ・アルバム『There Goes Rhymin' Simon』収録、また同年の全米第2位のビッグ・ヒット。一方の『メイベリン』はロックン・ロール・キング、チャック・ベリーの名作で、彼らがこの曲を披露するのも初めて、しかもメドレーというのもレコードでは前例がない。

2-2 明日に架ける橋 (Bridge Over Troubled Water)

6週間連続で全米1位に輝いた彼らの代表傑作曲。1969年11月に録音、翌年同名アルバム収録曲として発表された。孤独感に悩み、苦しんでいる多くの人々に希望と勇気を与える、といった彼らがS&Gとしてデビュー以来一貫して主張してきた人間の本質、真理を歌った作品。

2-3 恋人と別れる50の方法 (Fifty Ways To Leave Your Lover)

風刺とユーモア精神にとんだこの曲、1976年に全米第1位を記録、前年の'75年発表のポールのソロ・アルバム『Still Crazy After All These Years』に収録。

2-4 ボクサー (The Boxer)

1970年発表のアルバム『Bridge Over Troubled Water』に収録。同アルバムの発売に先がけて1969年

にシングル発表され、全米ヒット・ランク第7位を記録した。

2-⑤ 旧友(Old Friends)

老人の生活に目を向け、それに将来の自分自身をオーバー・ラップさせる、という現代社会のかかえた難問がテーマ。1968年発表のアルバム『Bookends』収録曲。

2-⑥ 59番街橋の歌(The 59th Street Bridge Song)

哲学的かつシリアスな内容の歌が多いなかで、最も気楽に、楽しいムードの詩がつけられたこの曲、1966年発表のアルバム『Parsley, Sage, Rosemary And Thyme』に収録。翌'67年にはハーパーズ・ビザールに歌われてビッグ・ヒットしている。

2-⑦ サウンド・オブ・サイレンス (The Sounds Of Silence)

観客のほうからもリクエストの声がとんだS&Gの代表作、1966年全米第1位のデビュー・ファースト・ビッグ・ヒット。現代社会における人間疎外を歌ったこの曲、着工から完成まで半年とも伝えられ、後に北欧では教科書にまで引用されている。1965年発表、彼らのファースト・アルバム『Wednesday Morning, 3AM』と2作目同タイトル・アルバム（1966年）収録。

セルジオ・メンデス&ブラジル'66　SERGIO MENDES & BRASIL '66

　アメリカでのボサ・ノヴァの流行は60年代前半、スタン・ゲッツやアストラッド・ジルベルトらジャズの分野から人気に火がついた。ブラジル'66の本作でのデビューはブーム絶頂期から数年遅れたが、世界的に親しまれるボサ・ノヴァ人気の拡大に貢献したのは彼らの活躍から。ポップでコマーシャルな歌と演奏で、本作を皮切りにエポック・メイキングな足跡を記す。現代ではボサ・ノヴァの代名詞ともいえる。

＜以下、1993年発売のCDに掲載された、かまち潤のライナー・ノーツより転載＞

セルジオ・メンデスとブラジル'66
『マシュ・ケ・ナダ』

SERGIO MENDES & BRASIL '66
HERB ALPERT PRESENTS SERGIO MENDES & BRASIL '66

1. マシュ・ケ・ナダ
   MAIS QUE NADA
   (MA-SH KAY NADA)
2. ワン・ノート・サンバ／
   スパニッシュ・フリー
   ONE NOTE SANBA/
   SPANISH FLEA
3. ザ・ジョーカー
   THE JOKER
4. 君に夢中
   GOING OUT OF MY HEAD
5. ティン・ドン・ドン
   TIM DOM DOM
   (CHIM DOME DOM)
6. デイトリッパー
   DAYTRIPPER
7. おいしい水
   AQUA DE BEBÉR
   (AGWA GEE BEBÉRR)
8. スロー・ホット・ウインド
   SLOW HOT WIND
9. がちょうのサンバ
   O PATO
   (O PAWTOO)
10. ビリンバウ
    BERIMBAU
    (BER-IM-BOUGH)

Produced by Herb Alpert

IX かまち潤のライナー・ノーツ（未発表作品も含む）

　アーティストの個性的、かつ高度な演奏技術や表現力、思考を音に強く表わした刺激的なハード・バップが40〜60年代のモダン・ジャズ界を席巻した。バップ・ジャズの魅力はインプロビゼーション（即興演奏）にあり、黒人アーティスト中心のトリオやクワルテット編成のバンドがアメリカ東海岸地区を活動拠点に、そのムーヴメントを活気と実りあるものとしていた。

　これに呼応、対抗する形で西海岸地域でもジャズ・アーティスト達の新たな動きが認められた。いわゆるウエスト・コースト・ジャズといわれるものである。こちらはハリウッドの映画音楽に関連していた白人のミュージシャンを中心にした動きで、東海岸の音楽に比べるとクールで知的なジャズが特色、セールス・ポイントになっていた。

　質、量、活気、注目度、そして名作、と全ての点で圧倒的優位にあった東海岸のジャズに対して、西海岸のそれが俄然ポピュラー音楽ファンの熱い視線にさらされたのは60年代前半、ボサ・ノヴァの台頭による。ウエスト・コースト・ジャズがこの動きで人気を急沸させたというわけではなく、ボサ・ノヴァの流行でそのかかわり合いの点で注目されたといったほうが正しい。

　ウエスト・コーストの比較的小ざっぱりした知的でクールなジャズが、情熱的で激しいリズムのダンス音楽、ブラジルのサンバと結びついてボサ・ノヴァという新しい形態の音楽が誕生したのである。このボサ・ノヴァ音楽の先駆者がブラジル出身のコンポーザー兼ピアニストのアントニオ・カルロス・ジョビンやジョアン・ジルベルトである。ジョビンはすでに50年代半ばにボサ・ノヴァ音楽に着手していたが、それがアメリカのポピュラー音楽界で強い関心をひくまでには6〜7年かかった。

　ボサ・ノヴァが新しい流行音楽としてファンやアーティストに注目されたのは60年代前半である。きっかけはジャズ分野だったが、やがてはその領域を越えてポップス、ヒット曲へと静かに、そして着実な広がりを見せた。「ワン・ノート・サンバ」、「メディテイション」、「おいしい水」などの代表的なボサ・ノヴァの名曲が紹介されたが、人気とセールスで顕著な成果をもたらしたのは62年スタン・ゲッツとチャーリー・バードの「ディサフィナード」（全米15位）と、同じくゲッツとアストラット・ジルベルトの「イパネマの娘」（64年全米5位）である。ポップスでもイーディ・ゴーメが歌った「恋はボサ・ノヴァ」（63年全米7位）がヒットした。

　アメリカ・ポピュラー音楽界でのボサ・ノヴァの浸透度は、むしろシングル・ヒット曲よりアルバムの動向を見たほうが判りやすい。ポピュラー・ヴォーカルやジャズの分野で、ディジー・ガレスピー、エラ・フィッツジェラルド、ディオンヌ・ワーウィック、フランク・シナトラ、ジョニー・ソマーズ、ハービー・マンなど、数多

くのアーティストがボサ・ノヴァの作品をレコーディングしている。

それら一団に混じってセルジオ・メンデスの名は浮上した。最初に彼の名がアメリカのポピュラー音楽界でクローズ・アップされたのは62年11月、ニューヨークのカーネギー・ホールで開催されたボサ・ノヴァ・コンサートだった。ジルベルト、ジョビン、ゲッツ、バードらに混じってメンデスは自分のセクステットを従えてこのライブに参加したのである。

まだ当時の彼の音楽活動の舞台はブラジルだったが、そのコンサートがアメリカ進出の転機になった。64年6月頃からメンデスはニューヨークのアトランティック・スタジオでジョビンやヒューバート・ロウスなどの協力を得てボサ・ノヴァのリーダー・アルバムのレコーディングを始めた。65年にはウェスト・コーストを拠点にし、自分の新グループ、ブラジル'65を結成した。

アトランティック・レコード時代のメンデスはボサ・ノヴァ人気にもかかわらず、成功の二文字には手が届かなかった。ようやく彼の時代が訪れたのはボサ・ノヴァの人気が下降線を描きだした66年夏から秋である。

ブラジル'65を解散した後、メンデスはボブ・マシューズ（ベース）、ジョアン・パルマ（ドラムス）、ホセ・ソアレス（パーカッション）に2人の女性歌手、ラニ・ホールとジャニス・ハンセンの5人編成のバンド、ブラジル'65を結成した。レコード会社もアトランティックからA&Mに移り、66年9月に第1作が発表された。それがこの『Herb Alpert Presents Sergio Mendes & Brasil '66』と題されたアルバムである。

'65から'66、この約1年の流れはメンデス及びブラジルの音楽作りを根底から大きく変えた。'65はあくまでもジャズの色合いが濃く、メンデスのピアノや打楽器演奏がフィーチャーされ、またクールな女性ヴォーカルを加えたバラード・ナンバー、と動と静の音を組み合わせていた。大人っぽく、渋いが安定した音とムードをもった作品だったが、かえってソツのないまとまり方がファンへのアピール度をそいでいたともいえる。

この点'66は'65での姿勢を180度方向転換した。最も目立つ特色は全曲2人の女性ヴォーカリストをフィーチャー、インストゥルメンタルを排除した点。ジャズへのこだわりを捨てて、厚みのあるポップでコマーシャルなサウンド作りに終始したことである。

ブラジル'66の音楽を初めて聞いた音楽ファンはメンデスの1年そこそこでのこの大きな変化はわからない、と同時にラテン色の混入したバイタリティにあふれるポップな作品に新鮮な驚きと喜びを感じたことだろう。

だが一方でジャズへの愛着を断ち切ったことがメンデスの成功を作り出したという批判の声があったことも見逃せない。

いずれにせよメンデスとブラジル

'66はファースト・アルバムでアメリカ・ポピュラー音楽界での自分達の今後の進むべき道を見い出したのである。

その結果として本作はメンデスの全アメリカ発売のアルバム中最長の126週間にわたって全米アルバム・チャートにランクされ、最高7位を記録した。そして全米シングル・チャートでは47位と記録は低調だったが、本作からの「マシュ・ケ・ナダ」がグループの存在を音楽ファンに強くアピールしたのである。

ボサ・ノヴァ・ブームからはやや遅れたが、ゲッツ、ジルベルト、ジョビンらとは異なったスタイルのラテン・ポップスを創造、新境地を開拓したメンデスの記念碑的なアルバムが本作である。と同時にこれ以後発表される作品の成功でメンデスとブラジル'66はボサ・ノヴァ音楽での最大の成功者としてポピュラー音楽界にその名を止めている。

1 マシュ・ケ・ナダ
(Mais Que Nada)

ブラジルのシンガー・ソングライター、ジョルジュ・ベン63年の作。厚くホットなヴォーカルとサウンドが一体化したバイタリティあふれるポップス。ブラジル'66の出世代表作として音楽ファンに広く親しまれている。

2 ワン・ノート・サンバ／スパニッシュ・フリー
(One Note Samba/Spanish Flea)

ボサ・ノヴァの生みの親、アントニオ・カルロス・ジョビン作「ワン・ノート…」とバハ・マリンバ・バンドのジュリア・ウェクター作「スパニッシュ…」(ハーブ・アルバート＆ザ・ティファナ・ブラス66年ヒット、テレビ番組"ザ・デイティング・ゲーム"のテーマ・ソング)をひとつにまとめた作品。快活なスキャットを効果的に使い、スマートでソリッドかつスピーディーな作品に仕上げている。

3 ザ・ジョーカー (The Joker)

アンソニー・ニューリーとレスリー・ブリッカス作、イギリスのミュージカル主題歌がオリジナルである。力強いメンデスのピアノ演奏をフィーチャー、歯切れのよいリズムとビートをパーカッションがたたき出し、男女のヴォーカルとコーラスがシンプルながら変化にとんだ独特の楽しさを作り出す。

4 君に夢中
(Going Out Of My Head)

ボビー・ウエインスタインとテディ・ランダッツォの作、64年リトル・アンソニー＆ザ・インペリアルズや69年フランク・シナトラでヒットした。サウンド、ヴォーカルともに強弱変化を付けてブラジル'66はこのバラードをムードあふ

れるドラマチックなポップスとして聞かせてくれる。

5 ティン・ドン・ドン (Tim Dom Dom)

J・メロとコーダの作、躍動的でシャープなリズムとそれにマッチした明るく、のりのよい歌声が心をうきたたせたユーモラスな感じの作品である。

6 デイトリッパー (Daytripper)

レノン＆マッカートニー作、65年のビートルズ・ヒット・ナンバーである。力強さと躍動感、それにシャープさをあわせもったメンデス流の編曲が効果を十二分に発揮、ビートルズ音楽を見事ボサ・ノヴァに変身させた。間奏のメンデスのピアノ演奏は流石、ジャズ・ミュージシャンの面目躍如である。

7 おいしい水 (Aqua De Beber)

これもジョビンの名作のひとつ、ヒット曲ではないがボサ・ノヴァのスタンダードとして数多くのアーティストがレパートリーに加えている。クールなヴォーカルと飾り気のないスマートなサウンドが魅力で、ブラジル'66もオリジナルをそこなうことなくまとめあげている。

8 スロー・ホット・ウインド (Slow Hot Wind)

ヘンリー・マンシーニの作、幻想的なムードと沈みがちなスロー・テンポのメロディをセクシーな女性ヴォーカルが歌いあげる。本アルバム収録曲のなかでは異色な作品である。

9 がちょうのサンバ (O Pato)

シルヴァとテイクセーラの作、小刻みなリズムがタイトルから曲のイメージを連想させる。素朴で野性的な曲調ながら、ウィットとユーモアにとんだヴォーカルが楽しい。

10 ビリンバウ (Berimbau)

バーデン・パウェル、ギルバート・デ・モラエスの作、力強さ、荒々しさ、そして激しさをリズムで備えもった土臭いボサ・ノヴァ・ナンバーである。

IX かまち潤のライナー・ノーツ(未発表作品も含む)

ビー・ジーズ　　BEE GEES

　RSO時代の彼らのアルバム全15枚のCD企画の依頼を受けた時、内容が重複したり、おざなりな原稿は避けたかった。そこでひらめいた案が、15枚を通して彼らのレコーディング・データと、それぞれのアルバム制作時の活動状況を記載することだった。15枚通すとアマチュア時代の彼らの音楽活動、そしてデビュー、60年代ポップ・グループ〜70年代ディスコ・サウンドでの成功、81年までの足跡がわかる仕組みにした。

＜以下、1993年発売のCDに掲載された、かまち潤のライナー・ノーツより転載＞

ビー・ジーズ
『チルドレン・オブ・ザ・ワールド』

BEE GEES
CHILDREN OF THE WORLD

1. ユー・シュッド・ビー・ダンシング
   YOU SHOULD BE DANCING
2. 愛の侵入者
   YOU STEPPED INTO MY LIFE
3. 偽りの愛
   LOVE SO RIGHT
4. 恋人同士
   LOVERS
5. 悲しませることなんてできないよ
   CAN'T KEEP A GOOD MAN DOWN
6. ブーギ・チャイルド
   BOOGIE CHILD
7. ラヴ・ミー
   LOVE ME
8. サブウェイ
   SUBWAY
9. 返りこぬ日々
   THE WAY IT WAS
10. チルドレン・オブ・ザ・ワールド
    CHILDREN OF THE WORLD

Produced by The Bee Gees
Co-Produced by Albhy Galuten
and Karl Richardson for Karlbhy
Productions

RIAAは75年8月21日にシングル「Jive Talkin'」を、同12月23日にアルバム『Main Course』をゴールド・ディスクに認定した。過ぎ去ってみれば72〜74年の低迷はまるで嘘のような他人事に思える。しかし、長年の苦しみと努力からつかんだこの成功も少し時間が経てば過去のものとなる。成功の可、不可にかかわらず、ポピュラー音楽界で活動するアーティストにとって一瞬でも気を抜く時間は許されない。

『Main Course』の成功はビー・ジーズにとって60年代の第一期黄金時代以上に感慨深く、価値あるものだった。コマーシャルなポップ・グループというハンで押したようなそれまでの彼らに対する印象もこの1作で変化した。彼らの復活は多くのファンに戸惑いと驚きをもって迎えられ、その効果は絶大だった。しかし、それで十分満足を得られたわけではない。まだその成功は点でしかなかった。本当に彼らが生まれ変わり、第二期黄金時代を形成するためにはさらに越えなけらばならないハードルが残っていた。可能な限り早く、次の行動を始める必要があった。なぜならば、『Main Course』の成功だけでは不安だったからだ。

それをフロックと見る人もいるだろう。勿論、そうした人達の声を聞くまでもなく、ビー・ジーズ自身がそれを一番よくわかっている。成功とはいってもそれはまだ入口にしかすぎない。次の作品にこの勢いを持続してこそ本当の復活が証明されるのである。またそうすることによってビー・ジーズの真価がファンに問われるのである。

そういう意味で75年以上に76年は彼らの音楽活動にとって重要な正念場だった。新作に対する評価が75年の成功にさらなる輝きをそえるのか、それとも一過性のものとして終るのか、全ては76年の彼らの行動と才能にゆだねられていた。そして同時にそれはビー・ジーズの新しい音楽スタイルの確立と以後の展望＝方向性を見るうえでも気が抜けないものだったのである。

過去の栄光と長年の苦労を生かすためには絶対に失敗は許されなかった。そうした数々のプレッシャーのもとでビー・ジーズは新作にのぞんだ。しかし、ここで大きな問題が起こった。それは彼らのあずかり知らぬ予想外の難問だった。

『Mr. Natural』〜『Main Course』と続いたプロデューサー、アリフ・マーディンとの関係が継続できなくなった。当然ビー・ジーズは新作もアリフの参加を念頭に置いていた。だが、この計画は初めから挫折した。理由はきわめて明快である。ロバート・スティッグウッドがRSOレコードのアメリカ販売を依託していたアトランティックとの契約を解消したからだ。ポリドールと新たなRSOレコードのアメリカ販売契約を結んだことで、アリフは自動的にビー・ジーズの新作に手を貸せなくなった。なぜなら彼はアトランティック・レコードの専属プロ

IX かまち潤のライナー・ノーツ(未発表作品も含む)

デューサーだったからだ。

『Main Course』の成功はビー・ジーズだけのものではない。アリフの力添えなくしてはありえなかった。すでに彼はアトランティックのプロデューサーというよりも、グループにとって不可欠なスタッフの1人だった。しかし、現実にアリフの参加が絶望となった以上、それに代わる有力なプロデューサー探しを早急に行わなければならなかった。

まず初めに彼らが白羽の矢をたてたのがリチャード・ペリーである。彼はニルソン、カーリー・サイモン、バーブラ・ストライザンドなどの作品、ヒット曲を手がけ、実績と知名度では文句のないプロデューサーだった。だが、実際に作業してみてうまくいかない、ということがわかり、すぐにこのチームは解散した。

困難な問題を抱えたと同時に、より冷静で慎重な対応をせざるをえなくなった。行き詰まった彼らの頭にある人物の名が浮かんだのはそんな時だった。アルビー・ガルテンとカール・リチャードソンがその人物である。彼らは名プロデューサーではない。前作『Main Course』でビー・ジーズの制作スタッフに初めて加わったレコーディング・エンジニアである。しかしながら、その存在は役割を度外視してアリフ同様、前作の成功に目に見えない大きな影響力を与えていた。

知名度や実績のある名プロデューサーを探すことより、実際にビー・ジーズ・アルバムの制作にたずさわり、成功を共にわかちあった理解者である彼らを起用するほうが納得のいく作業が行えると考えた。しかし、それでもアリフのいないレコード制作に全く不安を感じなかったわけではない。

それほどビー・ジーズとアリフの信頼関係は深く、強かった。でも現実に迷う余裕は与えられなかった。不安をかかえつつも新作はビー・ジーズが主となり、それをアルビーとカールがサポートする形のプロデュースで作業が始まった。場所も前作同様のマイアミのクリテリア・スタジオ、それにケベックのV-スタジオが選ばれた。

前作までのアリフに頼るというスタイルを捨てたことで、レコーディングはかつてないほど慎重で完全主義に徹した。少しのミス、ささやかなあいまいさも許されなかった。ビー・ジーズの経験と才能、それにアルビーとカールの知識、そして5人のインスピレーションがからみあった。全ての曲の細部に至るまで細かな神経が常にはらわれた。

ヴォーカルひとつをとっても、ノーマルとファルセット・ヴォイスの調和など、かつてない緊張をしいられた作業が続いた。まさに新作『Children Of The World』はスタッフ全員がもてる力と才能の全てを注いで作りあげた記念すべきアルバムとなったのである。

前作での確かな手ごたえを継承しつつも、さらに独創的で新しい方向性を指差する作品作りを、というビー・ジーズの狙いは果して十分成果をあげ

られるのだろうか。最初の答が求められたのは76年7月だった。アルバム発売に先がけ、「Subway」(RSO853)と組み合わせでシングル「You Should Be Dancing」がファンの耳に届けられた。

前作の口火を切った「Jive…」と「You…」の基本的なサウンド・スタイルは変わらない。ただ「You…」のほうがラテン色の混入したリズムゆえにポップでモダン、情熱的な感じが表現されている。やるべきことは全てやったという開き直った心境のもと「You…」は76年7月、全米チャートに初登場した。結果は当初の不安を吹き飛ばして余りあるものだった。「Jive…」(初登場87位)よりはるか好位置の67位に「You…」はランクされた。さらに全米1位に登達するまでにそれから8週、アルバムの発売より約1ヶ月早い好結果を引き出したのである。

この瞬間に彼らの脳裏から消し去れなかった不安は自信へと変わり、ビー・ジーズ復活は絶対的なものとなった。76年10月、タイミングよく「You…」の勢いを受け継ぐ形で待望のアルバム『Children Of The World』とセカンド・シングル「Love So Right」が発表された。それはビー・ジーズの新しい時代を確固たるものにするまだほんの一章にしかすぎなかった。

本作は発売直後、厳密にいえば予約段階でRIAAのゴールド・ディスクとなり、76年12月23日にデビュー以来グループ初のプラチナ・レコードを記録した。アルバムのヒット順位は8位、63週チャートにランクされ、3曲のシングル・ヒット(前作に続いて全て15位以内、うち2曲もゴールド・レコード)というかつてない大きな成果を印した。

1 ユー・シュッド・ビー・ダンシング
(You Should Be Dancing)

ビー・ジーズ通算で3曲目の全米1位と初のR&Bチャート(4位)進出を果たした作品である。ハイ・ピッチの躍動感あふれるダンス・リズムが特色、のりのよさもさることながらラテン的で明るくホットなムードがとても刺激的である。77年公開映画『サタデイナイト・フィーバー』でも使われている。ビー・ジーズの復活を確かなものとし、70年代ディスコ・サウンド流行のきっかけにもなった。

2 愛の侵入者
(You Stepped Into My Life)

本作からのセカンド・シングル「Love So Right」(RSO859)のB面収録曲である。ミディアム調のシンプルなリズムとファルセット・ヴォイスが独特の味をかもし出している。作品の単調さを補い、変化をつけるためにストリングスを加え、さながらポップなソウル・シンフォニックという感じの作りである。フィラデルフィア・ソウルの都会的でモダンな感覚のナンバーである。

3 偽りの愛(Love So Right)

「You Should Be Dancing」に続いて76年9月にシングル・カット、全米3位を記録した本作からの2枚目のミリオン・セラー・ヒットである。メロディ・メイカーとして彼ら本来の魅力を十分に発揮したスロー・バラードである。ゆったりとしたテンポに甘く感傷的なポップ・メロディがはえる。従来と違う点はソフトなコーラスとファルセット・ヴォイスのからみあい。

4 恋人同士(Lovers)

「恋のナイト・フィーヴァー」を連想、いやそのベースになったと思われる作品だ。軽くスイングする感じのさっぱりしたリズム、コーラスやヴォーカルで変化をつけて適度なのりと楽しさを演出する。

5 悲しませることなんてできないよ (Can't Keep A Good Man Down)

管楽器も加わりポップなディスコ・サウンド作りだが、バランスよく要所にそれらの演奏を配した点がスマートである。明るくて楽しい、でも騒々しさがなく、カラッとまとめられているところがいかにもビー・ジーズらしい作品である。

6 ブーギ・チャイルド (Boogie Child)

「Love So Right」に次いで77年1月、「Lovers」(RSO867)と組み合わせで発表、全米12位にランクされたサード・シングル・ヒットである。あくの強いスローでファンキーなリズム、かなり斬新な構成の作品である。ディスコ・ミュージックへの彼らの当時の傾倒ぶりが色濃く表現された顕著な楽曲である。

7 ラヴ・ミー(Love Me)

一転してメロディ主体のスロー・バラードが展開される。ノスタルジックなムード、ソフトなコーラスとヴォーカルが織りなす切ないポップな世界は、デビュー以来一貫した彼らの魅力である。

8 サブウェイ(Subway)

ディスコ・サウンド、ポップス、シンフォニックの要素をひとつにまとめあげた感じの作品である。明るく、心地よいスピード感、ストリングスと管楽器のからみも個性的で、バランスもよくさわやかに楽しめる1曲だ。

9 返りこぬ日々 (The Way It Was)

例えディスコ・サウンドに新境地を求めても自分達の音楽のルーツを見失わない、そんな彼らの信念と姿勢を物語った作品といえる。リラックスした自然体の流れるような美しいメロディ、優しくさとすようなハスキーなヴォーカル、バラードの真髄を垣間見せた傑作である。

10 チルドレン・オブ・ザ・ワールド
(Children Of The World)

　サウンドは薄く抑制し、ヴォーカルやハーモニーを全面に押し出した作品。アルバム・タイトル曲ということもあり、もう少し力強さを期待したが、意外にも拍子抜けするほど質素でサッパリと仕上げられている点がかえって印象的でもある。

リンダ・ロンシュタット　　Linda Ronstadt

　話題作、注目作も良いが、ライナー・ノーツの別の楽しみが人気アーティストの報われなかった時代のアルバム紹介だ。そこには流行らなかった理由と、作品が発表された時代との関わりが、時間の経過から客観的にみることができるからだ。自分のスタイルが未開のリンダと、まだそのバック・バンドの一員に甘んじた後のイーグルスのメンバーとが織りなす、71年ロック到来初頭の流れに隠れた本作がその1枚。

＜以下、1992年発売のCDに掲載された、かまち潤のライナー・ノーツより転載＞

リンダ・ロンシュタット
『リンダ・ロンシュタット・ウィズ・グレン・フライ／ランディ・マイズナー／ドン・ヘンリー』

Linda Ronstadt
Linda Ronstadt

1. ロック・ミー・オン・ザ・ウォーター
   ROCK ME ON THE WATER
2. クレイジー・アームズ
   CRAZY ARMS
3. アイ・ウォント・ビー・ハンギン・ラウンド
   I WON'T BE HANGIN' ROUND
4. アイ・スティル・ミス・サムワン
   I STILL MISS SOMEONE
5. イン・マイ・リプライ
   IN MY REPLY
6. アイ・フォール・トゥ・ピーセス
   I FALL TO PIECES
7. ランブリン・ラウンド
   RAMBLLN' ROUND
8. バーズ
   BIRDS
9. フェイスフル
   FAITHFUL
10. レスキュー・ミー
    RESCUE ME

Produced by John Boylan

68年をもってストーン・ポニーズの活動は終結した。これに伴ってリンダは当初キャピトルが切望した通りソロ活動に入った。リンダのソロ活動は一部の関係者から望まれ、期待されていたが、まだ彼女にはそれに十分応えられる自信がなかった。彼女がソロ活動を始めるにあたって最初に着手したのは自分の音楽スタイルを確立することだった。長年歌い続けてきたフォーク・ソングは勿論、好きなカントリーやロックン・ロールなど、自分の体験をもとにした様々な音楽分野への挑戦を試みた。

有、無名を問わず、ボブ・ディラン、ローラ・ニーロ、ジャクソン・ブラウン、ランディ・ニューマン、リヴィングストン・テイラー、ティム・バックレー、メル・テイリス、ミッキー・ニューベリー、ポール・シーベルなど、多数のアーティストの作品が積極的に彼女のレコーディング・レパートリーに加えられた。

最初のソロ・アルバム『Hand Sown…Home Grown』（Capitol 208）が発表されたのは69年だった。このアルバムはファンの関心をひくことができなかった。

69年にリンダはコーヴェッツというバンドに出会い、以後9ヶ月ほど彼らと活動を共にした。コーヴェッツはジョン・ウォーとジョン・ロンドン（両者は後マイク・ネスミス＆ザ・ファースト・ナショナル・バンドに参加）、クリス・ダーロウ、バーニー・リードンで編成され、ドット・レコードから2枚のシングルを発表していた。そしてリンダとバーニーの出会いが実現するが、それは約5ヶ月たらずの活動に終わる。

バーニーはフライング・バリット・ブラザーズに参加のためグループを去り、代ってジェフ・ハンナ（後ニッティ・グリッティ・ダート・バンドに参加）がコーヴェッツに迎えられた。69年のリンダのツアーのほとんどはコーヴェッツがバックを務めた。

リンダは翌70年エリオット・メーザーのプロデュースで2枚目のソロ・アルバム『Silk Purse』（Capitol 407）を制作した。このアルバムで彼女は自分の声質を最も効果的に音に結びつけるひとつの方向性を見出した。それがかつて兄弟からラジオ・フリークといわれた彼女の好んで聞いた音楽のひとつ、カントリー・ミュージックへの傾倒だった。

ケネス・バトレー、アダム・ミッチェル、ノーバート・プットナム、エリオットのアレンジと指揮で、ポップスからカントリーまで多彩な作品が選ばれ、収録された。サウンドはカントリー、一部にはフォークの色合いが強く出ているが、リンダのはりと伸びのある歌声はさらに強く、聞き手にアピールした。

シングル曲「ロング・ロング・タイム」は全米ヒット・チャートの25位に入り、ストーン・ポニーズ時代のヒット「悲しきロック・ビート」（67年）以来の成果を残した。

そして71年、彼女は新たなバッ

ク・バンド探しに動いた。バンドはロサンゼルスの、かつてストーン・ポニーズ時代にレギュラー出演していたロサンゼルスのトゥルバドール・クラブで発見された。1週200ドルでリンダのバンドに迎えられたそのグループには名前もなかった。グループはリチャード&マイク・ボウデン兄弟（後コールド・スティールを結成）、ドン・ヘンリー、グレン・フライがメンバーに名を連ね、約4ヶ月間リンダと活動を共にした。このメンバーにバーニー・リードンとランディ・メイズナーがゲストで加わった。

そしてバーニー、ランディ、ドン、グレンの4人は71年8月、リンダとの活動解消後、イーグルス結成へと動くのである。

4人がイーグルスを結成する以前、リンダはジョン・ボイランをプロデューサーに迎えて3枚目のソロ・アルバムを制作した。勿論アルバムのレコーディングにはイーグルスの4人も参加した。前作同様、ジャクソン・ブラウン、リヴィングストン・テイラー、ニール・ヤング、エリック・アンダーソン、ジョニー・キャッシュなどのユニークな作品が選ばれた。それが『リンダ・ロンシュタット・ウィズ・グレン・フライ／ランディ・メイズナー／ドン・ヘンリー』と邦題が付記された本作品である。

『Silk Purse』で音楽スタイル、カントリー／フォークの流れを継承しながらもより安定感と余裕をもち、ロック指向の色合いをヴォーカル・サウンドへと徐々に発展させている姿がここでは伝わってくる。コマーシャル性、派手さには欠けるが、バランスとまとまりもよく、収録作品に格差がない。しかも、リンダの歌手としての才能がどの作品をピック・アップしても余すところなく表現されている。

フィドルやペダル・スティール・ギターなど楽器編成や演奏にカントリー音楽のなごりを感ぜずにはいられないが、すでにこのアルバムで聞くリンダは後続の出世作となった『Don't Cry Now』（73年Asylum 5064）や『Heart Like A Wheel』（74年Capitol 11358）への確かな手ごたえをつかんでいた。それが本作品での自信に満ちたリンダの歌声からも感じとることができるはずである。

そしてもうひとつ、70年代アメリカン・ロックを代表するグループ、イーグルスの第一歩もここから始まったということを記憶の隅にでも止めて音楽に耳を傾けるとさらに味わい深い作品となることだろう。

1. ロック・ミー・オン・ザ・ウォーター (Rock Me On The Water)

ジャクソン・ブラウンの作、「クレイジー・アームズ」とのカップリングで72年にシングル・カットされ、85位にランクされた。作者のジャクソンは72年アサイラムからファースト・アルバム『Jacson Browne』（Asylum 5051）にこの作品を収録している。

淡く、そして甘く切ないメロディ

のポップなサウンドに活力を与えているのがリンダの歌声である。若く、ハリのあるその歌声こそがともすれば流され、希薄になりがちな作品の柱となり、快い印象を聞き手の我々に切々と訴えかけている。

2. クレイジー・アームズ
(Crazy Arms)

ラルフ・ムーニーとチャック・シールズの作、カントリー歌手のレイ・プライスで56年にヒット・チャートをにぎわせた。ロックン・ロールのジェリー・リー・ルイスのレパートリー作品でもある。

リンダの作品は「ロック・ミー…」と75年の「いつになったら愛されるのかしら」のシングルB面にも収録された。

ほぼオリジナル・スタイルを再現、スロー・テンポの情感あふれるメロディにのって歌われたリンダ流のカントリー作品である。

3. アイ・ウォント・ビー・ハンギン・ラウンド
(I Won't Be Hangin' Round)

ブルース・マグースやアメリカン・フライヤーなどのメンバーで、またクレイグ・フラーとのジョイントやソロでもレコードを発表しているエリック・ジャスティン・カズの作品である。

ブルース色の入ったポイントのつかみにくい難しい印象の作品だが、女性コーラスをバックに熱っぽく歌うリンダの歌声にしばし圧倒される。リンダは次作『ドント・クライ・ナウ』でもカズの「ラヴ・ハズ・ノー・プライド」を歌い、ヒットさせている。

4. アイ・スティル・ミス・サムワン
(I Still Miss Someone)

レスター・フラット＆アール・スクラッグスで65年、ドン・キングで81年、カントリーのヒット・チャートをにぎわせたジョニー・キャッシュの作品である。

ハスキーで安定感のあるリンダの歌声がさえるポップなカントリー・バラード、メリハリもよくきいていてストレートに楽曲の魅力が伝わってくる。

5. イン・マイ・リプライ
(In My Reply)

ジェームス・テイラーの弟、リヴィングストンの70年デビュー・アルバム『Livingston Taylor』(Atco 334)に収録されていた彼のオリジナル・ナンバーである。

しっとり歌い込まれたポップなスロー・バラード、サウンドはペダル・スティールをフィーチャーしてカントリー・タッチに仕上げられているが、これは当時のリンダの音楽スタイルを物語る。

6. アイ・フォール・トゥ・ピーセス
(I Fall To Pieces)

ハンク・コクランとハーラン・ハ

ワードの作、パッツィ・クラインで61年と81年、ダイアナ・トラスクで70年、マリー・ミラーで77年など、カントリー・チャートで幾度もヒットした女性歌手向きのバラード作品である。

リンダの作品は「Can It Be True」（Capitol 3210）とカップリングで本アルバムのファースト・シングルとして72年に発売している。同じバラードでもオリジナルのパッツィに比べるとリンダの作品はいく分テンポ・アップされ、モダンに仕上げられている。しかし、女性特有のやさしく、切なく、懇願するような唱法は聞きごたえ十分である。

7. ランブリン・ラウンド
(Ramblin' Round)

ウディ・ガスリー、ハディ・ウイリアム・レッドベターらのフォーク／ブルース作品である。

ワルツのようなメロディをもったソフトで明るいアット・ホームな作品である。バンジョー、フィドル、コーラスをバックにゆったりと、そしてのびのびとしたリンダの歌声が展開される。

8. バーズ(Birds)

ニール・ヤングの作、彼は70年発表のアルバム『After The Gold Rush』（Reprise 6383）にこの作品を収録している。

これもしなやかでのびのあるリンダの声の特質を生かしたスローなポップ・バラードである。素朴さゆえにリンダの情感のこもった歌声がしっとりとした安息感をわきたたせてくれる。

9. フェイスフル(Faithful)

フォークのシンガー・ソングライター、エリック・アンダースンの作、彼は72年発表のアルバム『Blue River』（Columbia 31062）にこの作品を収録している。

親しみやすいなめらかなメロディ・ラインのポップな作品である。センチメンタルなムードをたたえたバックの演奏にのって、リンダの歌声が心地よく耳に伝わってくる。

10. レスキュー・ミー (Rescue Me)

カール・スミスとレーナード・マイナーの作、リズム＆ブルース女性歌手、フォンテラ・ベースで65年にベスト・セラーを記録した。

前曲までとはムードを一変、ワイルドで激しく、そして躍動的にシャウトしたリンダの歌声が光る作品である。バラードからハードなナンバーまで、レパートリーの広さ、柔軟な彼女の歌唱力の一端を披露した一作として注目に値するものでる。

ディオン   DION

60年代アメリカン・オールディーズ復刻企画盤。現在も活動中のディオン全盛時のアルバム。オリジナル盤の発売から32年ぶりの初CD復刻にあたり、当時と以後の彼の音楽変遷と、ディスコグラフィの引用羅列ではなく、個々の作品の内容も付記しつつ、読み手が納得できる彼の軌跡の紹介を記した。無味乾燥したデータの引用は誰でもできるが、内容を伴う時系列のディスコグラフィが本作ライナーの狙いだ。

<以下、2005年発売のCDに掲載された、かまち潤のライナー・ノーツより転載>

ディオン
『ルビー・ベイビー』

DION
RUBY BABY

1. ルビー・ベイビー
   (RUBY BABY)
2. エンド・オブ・ザ・ワールド
   (THE END OF THE WORLD)
3. ゴー・アウェイ・リトル・ガール
   (GO AWAY LITTLE GIRL)
4. ひとりぼっち
   (GONNA MAKE IT ALONE)
5. フィーヴァー
   (FEVER)
6. マイ・マミー
   (MY MAMMY)
7. いつかは恋を
   (WILL LOVE EVER COME MY WAY)
8. ロンリエスト・マン・イン・ザ・ワールド
   (THE LONELIEST MAN IN THE WORLD)
9. 恋のとりこに
   (YOU MADE ME LOVE YOU 〈I Didn't Want To Do It〉)
10. いつでも恋を
    (HE'LL ONLY HURT YOU)
11. 誰かがあなたを愛するまで
    (YOU'RE NOBODY 'TIL SOMEBODY LOVES YOU)
12. アンラブド・アンウォンテッド・ミー
    (UNLOVED UNWANTED ME)

Produced by Robert Mersey

ポップ・アイドルから
シンガー・ソングライター
へ、ディオン44年の足跡

　ドゥワップは50年代にアメリカの R&B黒人コーラス・グループが作り出した独特の歌唱スタイルである。基本的には4から5人編成で、リード・ヴォーカリストをバリトンやベース等のバック・コーラスがサポート、当初活動の場として、街頭で歌声を披露するグループが多かったことから、別名ストリート・コーナー・ミュージックともいわれていた。

　ロックン・ロール時代にドゥワップが注目されるきっかけになったのは、鳥の名前を使った通称バード・グループの活躍からである。カージナルス、スワロウズ、フラミンゴス、クロウズ、ペンギンズ等。このバード・グループの活動を厳密にいえば、40年代半ばのレイヴンズから始まるが、ドゥワップ人気との結びつきという点で、ここでは50年代以降の、そういうコーラス・スタイルのユニットに焦点をあて、例に引用した。

　活動機会のない明日のスターを夢見る音楽好きの若者達が思い思いにグループを組み、街頭で即席ライヴを行うという光景は、ロックン・ロール誕生の50年代後半によく見受けられた。そしてそこから数多くの人気コーラス・グループが成功の階段を駆け上がったのも事実である。

　ロックン・ロール時代に限らずドゥワップ・コーラスの魅力は、その後もヴェルヴェッツやルベッツ等の英米グループに、日本でも山下達郎の作品「オン・ザ・ストリート・コーナー」やゴスペラーズ等に、人気が受け継がれている。

　それが最盛期の時代には黒人アーティストだけでなく、白人の若者達も積極的に好んでドゥワップ・スタイルのコーラスを披露した。この通称ホワイト・ドゥワップといわれたグループには、ダニー&ザ・ジュニアーズ（「踊りにいこうよ」）、クレスツ（「16本のローソク」）、トーケンズ（「ライオンはねている」）等が代表格にあげられる。

　そのホワイト・ドゥワップのなかでも、最も数多くのヒット曲を発表し、高い成果と人気を獲得したグループがディオン&ザ・ベルモンツである。

　ベルモンツを率いたディオン（本名ディオン・ディムチ）はニューヨークのブロンクスで1939年7月18日に生まれる。芸人だった父親の影響を受け、子供の時からショー・ビジネスの世界に強い興味と憧れを抱いていた。11才でポール・ホワイトマンのラジオ・ショーに出演、芸能界デビューを飾る。

　そして音楽の道への一歩は1957年、18才の時に記された。地元ニューヨークの小さなレコード会社のモホークから、ティンバーランズというグループをバックに従えて録音したシングル「The Chosen Few/Out In Colorado」（Mohawk-105）（後ジュビリーから再発）を発表する。

同時期、ルーズベルト高校に在学していたディオンは一組のコーラス・グループと一緒に活動することになる。彼はレコード・デビューはしていなかったが、同じ学校に通う彼らの実力を高く評価していた。彼らは地元ブロンクスのベルモント・アヴェニューからグループ名を拝借、ベルモンツというアマチュア・コーラス・ユニットを結成し、クラトナ・アヴェニューの街頭でしばしば自慢の歌声を披露していた。

当時のベルモンツはフレッド・ミラノとカルロ・マストランジェロの男性デュオで、ドゥワップの魅力に強い刺激を受け、同好のディオンと一緒に活動するようになる。ディオンとベルモンツは57年にモホークからオリジナル楽曲を含むシングル2枚、「Teenage Clementine / Santa Margarita」(Mohawk-106) と「We Went Away / Tag Along」(Mohawk-107) を相次いで発表する。

テディ・ベアーズ(「会ったとたんに一目ぼれ」58年全米1位)やフリートウッズ(「ミスター・ブルー」59年全米1位)のようなスローで感傷的、ソフトな歌声と快活なコーラスをディオンとベルモンツもモホーク時代の作品で聞かせるが、それだけではファンの興味を刺激するまでには至らなかった。

グループを結成した当時の彼らはトリオ編成だったが、後にアンジェロ・ディアレオが加入し、さらに完成度が高いコーラス・ハーモニーを聞かせる。

作品の内容は悪くないが、モホークでのディオン&ザ・ベルモンツは成功には無縁で、新たな機会を求めた彼らは翌58年、ニューヨークに事務所を構えるローリー・レコードと契約を交わした。

その第1作がリカルド・ウィークスとメルヴィン・アンダーソン作の典型的な、のりがよいドゥワップの「アイ・ワンダー・ホワイ」と、グループのオリジナル楽曲のセンチメンタルなポップ・バラード「ティーン・エンジェル」(Laurie-3013) である。このローリーでのファースト・シングルが全米22位を記録し、彼らへのファンの注目度が一気に高まった。

ディオンとベルモンツの蜜月関係は60年まで続き全9曲のシングル・ヒットが記録される。初ヒット「アイ…」を皮切りに、ポップ・バラードの「ノー・ワン・ノウズ」(58年全米24位)、ドゥワップの傑作「恋のティーンエイジャー」(59年全米5位)、スロー・ドゥワップの「いつかどこかで」(60年全米3位)等が発表された。

このグループ活動と並行してディオンは60年からソロでもレコーディング活動を始める。実はこれが両者の明確な音楽の差別化を促進するターニング・ポイントになった。当時はディオンとベルモンツともファンは特別に意識せず、どちらかといえば混同して聞いていたが、時を経て、グループとソロの作品に耳を傾けると、意外なことに気づかされる。

ドゥワップ・グループのベルモンツは作品を追うごとに、ポップ・バラード主体のコーラスを聞かせる。一方のディオンはソロでバイタリティのある曲調のドゥワップを歌う。つまり、ソロのディオンの作品のほうが力強く、情熱的な色彩のドゥワップを歌った。

60年はちょうどディオンとベルモンツが一緒に活動した最後の年だったから、それぞれの音楽の印象がより強く感じられるのかもしれない。

ソロ歌手のディオンはスロー・ドゥワップの「ロンリー・ティーンエイジャー」(60年全米12位)を手始めに、「悲しい恋の物語」(61年全米1位)、「恋に誘われて」(61年全米2位)、「悲しきおもかげ」(62年全米3位)等の印象的なヒットを連続して発表する。若さと力強さをみなぎらせたそれらのドゥワップ・ヒットもさることながら、この時代のディオンの注目点は、徐々にソングライターとしての才能に磨きをかけていたことだ。

62年の「ボーン・トゥ・クライ」以後「リトル・ダイアン」、「ラヴ・ケイム・トゥ・ミー」、「サンディ」等、ローリー・レコード晩年期のそれら一連のヒットは、彼のオリジナル作品である。

63年早々ディオンは一連のクラブでのライヴ活動をひとつの締めくくりとし、ローリー・レコードを去った。その直後に彼は大手のコロンビアと専属契約を交わし、55年にR&B黒人男性コーラス・グループのドリフターズの歌で紹介されたジェリー・レイバー&マイク・ストラー作の「ルビー・ベイビー」を、移籍後のファースト・シングルとして発表する。作品は幸先よく全米2位を記録するヒットとなり、ディオンの人気には少しの陰りも、不安要素も認められなかった。

コロンビア時代のディオンはロックン・ロール・アイドルからその様相を変え、他のアーティストのコマーシャルなポップス、スタンダード風な大人っぽいバラード、アコースティックな演奏をバックにした作品、そしてドゥワップと、レパートリーにもゆとりと柔軟性が認められる。

シングル・ヒットではローリー時代と大きな変化は認められないが、この時代のディオンはクリエイティヴなソングライターとしての活動に大きなウエイトをかけていた。数多くのファンがディオンのその変貌を認識するようになるのは、彼がコロンビアから再び古巣のローリーに電撃的な復帰を果たす68年以後である。

ディオンは63年から66年までコロンビアに在籍、本作と『Donna The Prima Donna』(Columbia-8907)【＊移籍後の69年に『Wonder Where I'm Bound』(Columbia-9773) が発売】の2枚のアルバムと、「かわいいドンナ」(63年全米6位)と「ドリップ・ドロップ」(63年全米6位)等6曲のシングル・ヒットを残した。

表向きは最初のローリー時代と代わり映えなく、コロンビアでもシングル・ヒットを連ねたディオンだが、彼を取り巻く音楽状況は以前とは大きく変わっていた。ビートルズや英ビー

ト・グループが大挙アメリカ進出を果たした64年を境に、バンド時代が到来、ロックン・ロール時に全盛を誇ったソロ歌手達は相次いで表舞台から消えていった。

60年代半ば、ロックン・ロールはもはや時代遅れの過去の産物になっていた。ディオンもコロンビア時代の終わり頃にはドゥワップからフォーク・ロックを歌うアーティストへとイメージを変えていた。ソングライターとしての才能と音楽に対する柔軟な姿勢が、ディオンの息の長い活動を支える最大の魅力となる。

ディオンのシングル・ヒットは89年の「アンド・ザ・ナイト・ストゥッド・ステイル」（全米75位）が最後だ。これはあくまで記録上で、音楽ファンの記憶に残るディオンのヒットは全米4位、68年のミリオン・セラー「アブラハム・マーティン・アンド・ジョン（魂は今も）」が事実上の最後である。

以後ファンの記憶に残るシングル・ヒット曲をディオンは発表していないが、彼のレコーディング活動は驚くほど順調に継続されている。

日本では70年以降ローリーやコロンビアでのオールディーズ・ヒットを編集しベスト・アルバムが発売され、ディオンは過去の栄光に彩られたポップ・スターの印象が支配的だが、アメリカではシンガー・ソングライターとして独自の道を順調に歩んでいる。

それら多くの作品は、日本では発売権がないため注意深く、よほど熱心な彼のファンでもない限り、耳にする機会はない。89年に日本でアリスタからCD発売されたアルバム『Yo Frankie』以外、その前後の彼の作品は、ライフソング〜デイ・スプリング〜マイラ〜ヴィジョン〜ライト・シャッフ〜コレクタブルス〜エースとアメリカでもインディーズ系のレコード会社からしか出ていない。

ヒット曲の有無、及びレコード発売会社がインディーズか否かはともかく、50〜60年代に脚光を浴び、以後姿を消した大半のアーティストとディオンは現在までの活動状況をみても全く異なっていることがよくわかる。

話が横道にそれたので、コロンビア時代のディオンに戻すと、同社在籍最後の66年に彼はほんの一瞬、ワンダラーズというイレギュラーのバック・アップ・グループを従えて活動する。記憶にも、記録にも痕跡を残さなかったワンダラーズとの活動を最後に、ディオンは66年ABCレコードと契約、再びベルモンツと活動を共にする。

ディオンとベルモンツの復活第1作はシングル「My Girl The Month Of May / Berimbau」(ABC-10868)である。彼らはさらに翌67年、セカンド・シングル「For Bobbie / Movin' Man」(ABC-10896) とアルバム『Togethet Again』(ABC-599) を発売するが、期待と予想を裏切り、ファンの支持を得られなかった。

ポップス史上初のトータル・アルバムといわれるビートルズの『サージェント・ペパーズ・ロンリー・ハーツ・

IX かまち潤のライナー・ノーツ(未発表作品も含む)

クラブ・バンド』が発表され、ジミ・ヘンドリックスやクリームが即興演奏を多用した斬新なロックを奏でた時代に、ディオンとベルモンツの復活に興味を示すファンはいなかった。

ディオンは再びソロ活動をスタート、68年に古巣のローリーと短い専属契約を交わす。そこで選ばれた復活の第1作が、ディック・ホラー作のメッセージ色の強いフォーク・ロックの「アブラハム・マーティン・ジョン(魂は今も)」である。アブラハムは第16代米大統領リンカーン、マーティンは60年代公民権運動の黒人指導者のキング牧師、ジョンは第35代米大統領のケネディ、志半ばで暴漢の凶弾に倒れた3人について歌った作品で、ディオンには際立った異色のレパートリーである。

にもかかわらず、泥沼化するベトナム戦争、国内では黒人の暴動や反戦運動が激しさを増すという特殊な社会事情から、ディオンには異色でも、当時の音楽ファンは時代に見合う楽曲として、この「アブラハム…」を支持した。

このメッセージ・ソングのヒットに続いて発表されたアルバム『Dion』(Laurie-2047) も、かなり大胆な内容の作品だった。コマーシャルなポップス、ロックン・ロールというディオンが背負っていた過去の音楽イメージを完全に排除し、フォーク、フォーク・ロックに内容を統一した。ジミ・ヘンドリックスの「紫のけむり」、ボブ・ディランの「明日は遠く」、レナード・コーエンの「シスターズ・オブ・マーシー」、ライトニン・ホプキンスの「ソニー・ボーイ」等、ユニークな他のアーティストのカヴァーと自身のオリジナルを、バック演奏に弦楽器を導入し、モダンな編曲で聞かせる。

ソフトで、控えめな感じのフォーク・ロックがアルバム全体のイメージで、ディオンを知る音楽ファンは当時、別人のレコードを買ったのでは、と正直戸惑いをかくせなかった。シンガー・ソングライターのディオンという新しいアーティスト・イメージを、ローリーでの作品でファンにアピールした翌69年、彼は活動の新天地をワーナー・ブラザーズ・レコードに求めた。

だが、ワーナー・ブラザーズ在籍時のディオンはほとんど目立つ成果を残せなかった。13枚のシングル・レコードと69年の『Sit Down, Old Friend』(Warner Brothers-1826) をはじめとするアルバムが5枚発売された。アルバム・セールス、ヒット曲も成果のない時代だったが、この頃のディオンの音楽には数多くの良質なエッセンスがちりばめられていた。

メガネをかけた長髪のおじさんの、ありふれた写真がジャケットを飾ったワーナー時代の、オールディーズ音楽やかつてのディオン・ファンも聞きたい意欲を、一瞬躊躇うようなアルバムが、70年代の彼の生きざまを克明に伝える。

アコースティック・ギター演奏の素

朴でシンプルな歌声、ドゥワップ歌手の過去の彼とのギャップを埋められないほどの変身ぶりである。

ディオンの過去のイメージを記憶から完全に排除すれば、この時代の彼の音楽はフォークやカントリー系のシンガー・ソングライター、たとえばジョン・デンヴァーやジェイムス・テイラーであっても十分楽しめるのだが、どうしても脳裏に深く刻まれたあの日、あの時を忘れられない。ファンならばいたしかたないことである。

ファンの身勝手な言い分だが、変身したディオンを受け入れたくない、認めたくないという抑制機能が無意識に作動しているのかもしれない。

往年のすべてのディオン・ファンがそうだったのかはともかく、70年代のシンガー・ソングライター時代の彼の作品は、ことごとく無視された。再評価されることもないそれらのアルバムの中で、72年発表の『Suite For Late Summer』(Warner Brothers-2642)は、もしどこかの中古盤店で見つけたら、買って聞いても損はない。

カントリー・ロック風の、新鮮で爽やかな歌声とバラードが耳に心地よい、ディオンのシンガー・ソングライターとしての成長を示す価値ある1枚である。

しかも収録作品の大半はディオンの単独、あるいはビル・トーフィとの共作オリジナルということも、充実した内容のアルバムであることを伺わせる。

ワーナー時代のディオンが音楽ファンの興味をくすぐった唯一の作品は、73年のアルバム『ティーンエイジ・ロックン・ロール (Runion Live At-Madison Square Garden 1972)』(Warner Brothers-2664) である。

このアルバムが発売された同時期、ロックン・ロール・リバイバルが世代を超えた幅広いファンの人気を集め、その種の記録映画の公開やライヴ・レコードの発売、チャック・ベリーやリック・ネルソン等かつてのスターのヒット・チャート復活が話題になった。

リチャード・ネイダーが企画、主催した往年のスターを集めたリバイバル・ショーがそのきっかけで、ディオンとベルモンツのアルバムもそのイベントでもたらされたものである。

音楽ファンが期待し、待ち望んだのはやはりシンガー・ソングライターのディオンではなく、ベルモンツを従えてドゥワップを歌う彼だったことが、くしくもそのアルバムで示された。

だが、しょせん懐メロ、ファンの期待や反応はあくまでも一過性で、決して持続的ではない。常に時は流れ、流行は移ろいやすく、後戻りはできない。

ビルボード誌のアルバム・チャートにも入らなかったスティーヴ・バリとマイケル・オマーティアンがプロデュースを担当、モダンなポップ・バラード中心の76年『まごころの街(Street heart)』(Warner Brothers-2954)を最後にディオンはワーナー・ブラザーズ

での活動にピリオドを打った。

それからディオンのレコーディング活動が78年、テリー・キャッシュマンとトミー・ウェストがその2年前ニューヨークに設立したライフソング・レコードから、5人編成のストリートハート・バンドを従えたアルバム『Return Of The Wanderer』（Lifesong-35356）を発売する。サックス演奏をフィーチャーしたジャズ風で肉厚なサウンド、バラードも聞かれ、ワーナー時代とはさらにひと味イメージを変えた内容の作品だ。

しかし、ストリートハート・バンドでの活動はそのアルバム1枚だけで終わり、ディオンは再度ソロでレコーディング活動を続ける。

80年代の彼のレコード制作はカナダのヴァンクーヴァーに本社を構えるワード社デイ・スプリング・レーベルで大半の時間を費やした。80年の『Iside Job』（Day Spring-4022）を皮切りに、81年『Only Jesus』（Day Spring-4027）、83年『I Put Away My Idols』（Day Spring-4109）、84年『Seasons』（Day Spring-412901）、86年『Velvet&Steel』（Day Spring-8372）のアルバムが発表されている。それらはポップでモダンなバラードの作品が主で、レゲエやブルース調の楽曲もあるが、これが現在のディオンの行きついた音楽スタイルである。

85年ワード系列のマイラで1枚だけ制作されたアルバム『Kingdom In The Streets』（Myrrh-682106）も一連のデイ・スプリング作品とディオンの音楽に違いはない。

デイ・スプリング以後のディオンは89年アリスタでブライアン・アダムス、ポール・サイモン、ルー・リード等が参加した話題のアルバム『Yo Frankie』（Arista-8549）を発売する。90年以後、活動のペースは大幅にダウンするが、92年『Dream On Fire』（Vision-3327）、93年『Rock'n Roll Christmas』（The Rright Stuff-66718）、2000年『Deja Nu』（Collectables-2794）、2001年『Live In New York』（Ace-797）が発売されている。

なお現時点でのディオンの最新作のエースのアルバムだけはバックに、リトル・キングスというバンドを従えた久々のグループでのライヴ録音である。

ハンチング帽と大きなメガネをトレード・マークにしたディオンは現在もマイペースな活動を続けている。

よみがえるディオン栄光の60年代

本作はローリーからコロンビアに移籍したディオンが63年3月に発表した第1作、同社での彼のアルバム制作をすべて担当したロバート・マーシーがプロデュース、編曲と楽団指揮も兼務した。ジャケット写真は一連のザ・バンドのアルバム・デザインも手がけているボブ・カトーが名前を連ねている。

全米のポピュラー・アルバム・

チャートでは最高20位を記録、ディオン最後のベスト20入りを果たした作品である。

1. ルビー・ベイビー
(Ruby Baby)

ジェリー・レイバーとマイク・ストラー作、オリジナルは黒人男性コーラス・グループのドリフターズが歌い、56年にR&Bチャートのみでヒットした作品。この作品はロニー・ホウキンスやビートルズ等もカヴァー、ディオンはアルバム発売に先がけ「いつでも恋を」（Columbia-42662）と組み合わせでシングル・カット、コロンビアでの初ヒット（全米2位）を記録する。

アコースティック・ギターの伴奏と薄めのバック・コーラスを従えて、粘着質なヴォーカルを披露。ロカビリー風な編曲がディオンの魅力を引き出す。75年にはビリー・クラッシュ・クラドックの作品でリバイバル・ヒットも記録する。

2. エンド・オブ・ザ・ワールド
(The End Of The World)

オリジナルはソングライターのシルヴィア・デイが父親の死をきっかけにアーサー・ケントと共作、チェット・アトキンスがスキーター・デイヴィスにこの作品を紹介し、彼女の歌で63年にビッグ・ヒット（全米2位）したポップ・バラード。リバイバル・ヒットはないが、ブレンダ・リーやジュリー・ロンドン等、主に女性歌手が好んでカヴァーしている。

ディオンは男性歌手では珍しくこの歌をカヴァー、ほほオリジナルのスキーター作品に忠実にコピー。ソフトな歌声をスローで感傷的な旋律にのせて聞かせる。

3. ゴー・アウェイ・リトル・ガール
(Go Away Little Girl)

キャロル・キング＆ジェリー・ゴーフィン作のポップ・バラード。オリジナルは63年のスティーヴ・ローレンスのヒット、71年ダニー・オズモンド作品でも人気を集め、共に全米1位の快挙を達成した傑作。66年ハプニングスでリバイバル・ヒットするなど、他にもマリーナ・ショウ等数多くのアーティストにもカヴァーされている。

ディオンはオリジナル通りリメイク、薄めのストリングスが奏でる美しいメロディをバックに、ソフトで甘い歌声を聞かせる。のどかな雰囲気をかもし出す、安らぎ感漂う名曲である。

4. ひとりぼっち
(Gonna Make It Alone)

ソングライターのゴールドスタインらとディオンが共同で書いたオリジナル作品。アメリカではアルバム収録作だが、日本では「いつかは恋を」と組み合わせでシングル発売された楽曲である。

リード・ヴォーカルの歌唱法と

バック・コーラスにドゥワップのなごりを色濃く残した躍動的なロックン・ロール作品。

5. フィーヴァー (Fiver)

「冷たくしないで」や「火の玉ロック」等のロックン・ロールの傑作を書いたダヴェンポート＝オーティス・ブラックウェルがエディ・クーリーと共同で執筆した56年の名作。同年黒人男性歌手のリトル・ウィリー・ジョンでビッグ・ヒット、58年ペギー・リーや65年マッコイズでもリバイバル。リメイクはエルヴィス・プレスリーからビヨンセまでと多彩、とくにジャズの分野では高い支持を集める。フィンガーティップスと打楽器の伴奏だけでクールに、表現力豊かにディオンはこの作品を歌い上げる。シンプルだが聞かせどころをしっかり抑えたなかなかの力作である。

6. マイ・マミー (My Mammy)

ヤング＆ルイス＆ドナルドソン1921年の共作、46年にアル・ジョルスンの歌でミリオン・セラーを記録した。67年ソフトなコーラスのハプニングスでリバイバル・ヒットする。

ヴォードヴィル時代の、古典的な人気楽曲ということで、モダンで洗練されたヴァージョンより原曲を意識したスロー・テンポの華麗な曲調にディオンはこだわった。気だるく、粘着質な歌声をミュージカル風な伴奏をバックに聞かせる。

7. いつかは恋を (Will Love Ever Come My Way)

コロンビア時代のディオンのオリジナル作品では何曲かコンビで書いているファーレルとの共作。アメリカではアルバム収録曲だが、日本では本作からのセカンド・シングルとして、「ひとりぼっち」と組み合わせて発売。センチメンタルな旋律のポップ・バラードで、ディオンの泣きが効いたハスキーな歌声が心に残る印象的な作品である。

8. ロンリエスト・マン・イン・ザ・ワールド (The Loneliest Man In The World)

「I Can't Believe」や「Film Flam」等の作品をコンビで書いているソングライター、シャーマンとの共作によるディオンのオリジナル。まるでミュージカル楽曲のような、ロマンティックで、都会のモダンさと優雅さを醸しだしたバラード・ナンバー。

9. 恋のとりこに (You Made Me Love You ⟨Didn't Want To Do It⟩)

マッカーシー＆モナコの作、オリジナルは59年ナット・キング・コールの歌でヒット・チャートをにぎわせたラヴ・バラードである。オリジナルは弦楽器を中心にした落ち着いた雰囲気のサウンドと歌声が魅力だが、このディオン作品はそれと

は対象的な内容である。にぎやかな管楽器の力強い演奏をバックに、ジャズ風な編曲の作品に生まれ変わる。

10. いつでも恋を
(He'll Only Hurt You)

モウラー&ファーレル&シャーマンとディオンの共作、日米とも「ルビー・ベイビー」と組み合わせで発表された本作からのファースト・シングル作品。段階的に盛り上がる旋律のポップ・バラード。

11. 誰かがあなたを愛するまで
(You're Nobody 'Til Somebody Loves You)

モーガン&ストック&キャヴァナウの作、62年にダイナ・ワシントンで初ヒットを記録、65年ディーン・マーティンと66年ワンダー・フー=フォー・シーズンズでリバイバルした。この作品を最もアピールしたディーンのレコードは、にぎやかな楽団演奏とアップ・テンポの歌声が印象的だが、このディオン・ヴァージョンはスローで大人っぽく、ジャズ風なヴォーカルと演奏が特色。当時のコロンビア・レコードが得意とするポピュラー・ヴォーカルのスタイルに合わせたような編曲がほどこされた作品である。

12. アンラヴド・アンウォンテッド・ミー (Unloved Unwanted Me)

本作収録のディオンとシャーマン共作3作目のオリジナル。65年に「Sweet Sweet Baby」(Columbia-43213) と組み合わせでシングル発売された作品である。

ラテン音楽風な、打楽器演奏による大胆なリズムをサウンドの柱にし、自由にスイングするようなディオンの、楽しげな歌が聞けるポップな作品である。

ダイアナ・ロス&スプリームス　DIANA ROSS & THE SUPREMES

　オリジナル盤は69年発売。ダイアナ・ロスを擁した60年代黒人女性コーラス・グループのラスト・アルバム、と同時にくしくも音楽の流行が大きく変化する時代に合致した印象的な作品でもある。彼女達の輝かしい経歴はそれまで紹介された作品でも度々触れられているので、ここではアルバム・タイトル曲の逸話を主ポイントに執筆。音楽史に残る60年代を体験した者にはひときわ感慨深い。

　＜以下、1993年発売のCDに掲載された、かまち潤のライナー・ノーツより転載＞

ダイアナ・ロス&スプリームス『またいつの日にか』

DIANA ROSS & THE SUPREMES　CREAM OF THE CROP

1. またいつの日にか　SOMEDAY WE'LL BE TOGETHER
2. キャント・ユー・シー・イッツ・ミー　CAN'T YOU SEE IT'S ME
3. ユー・ゲイヴ・ミー・ラヴ　YOU GAVE ME LOVE
4. ヘイ・ジュード　HEY JUDE
5. ザ・ヤング・フォークス　THE YOUNG FOLKS
6. ショドウズ・オブ・ソサエティ　SHADOWS OF SOCIETY
7. ラヴィング・ユー・イズ・ベター・ザン・エヴァー　LOVING YOU IS BETTER THAN EVER
8. ホエン・イッツ・トゥ・ザ・トップ　WHEN IT'S TO THE TOP (STILL I WON'T STOP GIVING YOU LOVE)
9. ティル・ジョニー・カムズ　TILL JOHNNY COMES
10. 風に吹かれて　BLOWIN' IN THE END
11. ザ・ビギニング・オブ・ジ・エンド　THE BIGINNING OF THE END

50年代半ばから60年代にわたり、アメリカのポピュラー音楽界には5組のスプリームスが存在した。詳細は不明だが、そのうちの4組はいずれも50年代後半、オールド・タウン、エース、キッテンで各々シングル・レコードを発表している。だが、すべてR&B、ポップス、どちらのヒット・チャートに1曲も入れることなく姿を消した。従って音楽ファンがこの名を初めて記憶するのは60年代、記録上では最後のスプリームスが最大の成功者だった。

　しかし、最後のスプリームもこの名の不運な伝統（？）のまえに当初はかなり苦戦をしいられた。結果はともかく、初ヒットという点でいえば60年代モータウン・レコード史にその名を刻んだアーティスト達とスプリームスの差はない。

　メリー・ウェルズやマーヴェレッツのデビュー・ヒットがモータウン社では最も早い成功で、マーサ＆ヴァンデラスがそれに続く。スプリームスはコントウアーズと共に3枚目シングルで初ヒットに手をかけ、以下4枚目のマーヴィン・ゲイやスティーヴィー・ワンダーの記録をうわまわる。ただし、成績となると話はまったく別である。

　スプリームス以外のアーティスト達は何枚目のシングル・レコードであろうと、初ヒットでスター、あるいは成功へのきっかけをつかんでいた。

　その点スプリームスだけは例外だった。彼女達の運の無さはデビューと共にやってきた。61年にようやく学業を終えてレコーディング・アーティストになったスプリームスは、タムラ・レーベルから「I Want A Guy / Never Again」(Tamla-54038)と「Who's Loving You / Buttered Popcorn」(Tamla-54045)の2枚のシングルを発表した。現在もめったに聞かれないそのシングルは当時もファンにはまったく無視された。

　そこで翌62年、気分を一新してモータウンに所属を変え、同レーベル1枚目のシングル「Your Heart Belongs To Me / Seventeen (Motown-1027)を発表した。レーベル・チェンジの効果はほんの少し、そのシングルがはじめてチャートの95位を記録する。続く「Let Me Go The Right Way 」(90位)、以下「You Bring Back Memories」(ヒットせず)、「A Breath Taking Guy」(75位)、「When The Lovelight Starts Shining Through His Eyes」(23位)、「Run, Run, Run」(93位) と64年前半まで完全に低迷していた。

　順調に3枚のシングルを発表しながら飛躍するきっかけをつかめない、そんな当時の彼女達を評し、世間はノン・ヒット・スプリームスと陰口をたたいていた。だが流行と同じように、飛躍のきっかけはある日突然、まったく誰も予想しない時に起こった。はじまりは64年6月17日に発表された9枚目のシングル「Where Did Our Love Go (愛はどこへ行ったの)」である。

　「愛は…」はそれまでのスプリームスの実績からみても、ファンはもちろ

ん、モータウン社も当初それほど特別な期待をもって送りだしたシングルではなかった。はじめはいままでと変らないファンの反応は冷ややかだった。それを物語るようにレコード発売からヒット・チャートに入るまで約1ケ月かかった。

初のランク・インは77位、いまにして思えばこれがスプリームスの輝かしいスターへの出発点だった。それから3週後には18位に一挙に躍進、それまでの彼女達の最高ヒット記録（23位）を更新し、ついに未知の領域に足を踏みこんだ。さらに登場から7週後、ディーン・マーティンの「誰かが誰かを恋してる」やビートルズの「ビートルズがやって来るヤア！ヤア！ヤア！」を抜いて初の全米1位に昇りつめた。デビューから約3年半、初ヒットから約2年、ここにスプリームスとモータウン社の忍耐強い戦いが勝利を収め、新たな転機が訪れた。

エディ・ホランド、ラモント・ドジャー、ブライアン・ホランド（以下H–D–Hと略す）との出会いが最良の結果をはじき出した。H–D–Hがプロデュース&ソングライト・チームでの活動を62年にスタートする。それはちょうどスプリームスがタムラからモータウンにレーベル・チェンジした時だった。でもこの時点でのスプリームスの作品はベリー・ゴーディ・ジュニアやスモーキー・ロビンソンが担当していた。

チームを組んで本格的な活動を始める以前の彼らは各自別々の道を歩んでいた。ラモントは10代半ばでロメオズというグループに加わり、フォックス・レーベルから50年代後半にシングル盤を2枚発売した。その後はソロ歌手で活動をするも成果はなく、モータウン社専属のソングライターになった。

ブライアンは他の2人より早くからモータウン社の制作スタッフで活動、ウィリアム・スティーブンソンと組んでマーヴェレッツのアルバムをプロデュースした。

ラモントとブライアンの出会いは61年、当時はフレディ・ゴーマンと3人でマーヴェレッツに作品を提供した。

残るエディはベリー・ゴーディ・ジュニアの音楽出版社で働いていた。彼は歌手を目指し、デモ・テープをベリーに聞いてもらい、数少ないチャンスをものにした。レコード歌手デビューは59年、まだ会社の体制が整っていないモータウン社ではなく、ユナイテッド・アーチスツ・レーベルからだった。そして62年モータウン社で初ヒット「Jamie」（30位）が記録される。

この3人はベリーの発案から生まれた。兄弟のエディとブライアンが一緒に活動するのは何の支障もなかった。しかもこの時点でエディのソロ歌手活動も保障されていた。さらにラモントの参加も2人は歓迎した。

しかしながら、彼らとスプリームスの出会いは63年後半まで実現しなかった。両者が組んだ最初の成功は

64年に23位を記録した「When The Lovelight Starts Shining Through His Eyes (恋のキラキラ星)」である。

以後68年までの足かけ6年間、両者の最良の関係は維持された。その間クリスマス・ソングを除き、発表した18枚のシングル・レコードはすべてヒットした。ベスト10内ランクは14曲、そのうち10曲が全米1位という驚異的な記録が作られた。

そのスプリームスの栄光にかげりが見え出したのが68年、H–D–Hとの共同制作解消以後である。アシュフォード&シンプソン、ベリー・ゴーディ・ジュニア、フランク・ウィルソン、ヘンリー・コスビー、ローレンス・ホーンなどのスタッフが全力でスプリームスのレコード制作に協力するが、「ラブ・チャイルド」(68年)と「スラムの小鳩」(69年)の2曲以外(テンプテーションズとのデュオ作品は除く)はベスト20にも届かなかった。

スプリームスのグループ内での不協和音もささやかれはじめる。まだ69年前半はテンプテーションズとのジョイント活動がスプリームスの面目と人気を保っていた。しかし、同年後半、スプリームス通算19枚目、前作『レット・ザ・サンシャイン・イン』から約半年の短期間で本作『またいつの日にか』を制作発表した。

異例なスピード制作の本作は、スプリームスの他のどんな作品よりも、ファンと彼女達にとり深い意味(ダイアナ・ロス&スプリームスとしての終結)があった。それを顕著に物語った楽曲がここからの唯一のシングル・ヒット曲であり、スプリームス最後の全米1位の「またいつの日にか」である。

スプリームスは69年までに11曲の全米1位作品を発表した。それらすべてが彼女達のために書かれた作品だ。だがスプリームス最後、12曲目の全米1位、本作タイトル楽曲は唯一彼女達のために書かれたものではなかった。

スプリームス60年代最後の、この全米1位曲はそれより9年前に発表されていた。作者はジョニー・ブリストル、ジャッキー・ビーヴァース、ハーヴェイ・フッカの3人。ハーヴェイのレコード会社=トリィ・フィから作者のジョニー&ジャッキーのデュオでレコード発売していた。R&B、ポップスの両チャートでも注目されることもなく、埋もれてきた作品だ。

1人の男のこだわりと信念が忘れられていたこの作品の復活を実現する。それが作者の1人、ジョニー・ブリストルである。彼は当時モータウン社の制作スタッフとして活動していた。そしてスプリームス本作のアルバム制作に彼がかかわる機会が訪れる。

自分が書き、最も気に入り、誰かに歌ってもらいたいと思っていた「またいつの日にか」をスプリームスのアルバム制作に、チャンス到来とばかり売り込んだ。

頃合いを見計らい、彼はベリー・ゴーディ・ジュニアにジョニー&

ジャッキー時代の録音テープを聞かせた。ベリーもジョニーの作品を気に入り、彼のプロデュースでスプリームスで録音された。発表された作品はダイアナ・ロス＆スプリームスだが、実際の録音は違った。ダイアナのソロで、ジョニーとスタジオ・ミュージシャンがバック・コーラスを担当した。実際はいくつものバージョンが制作され、ベリーがこの録音を選んだ。

従ってレコードの本作はダイアナ・ロス＆スプリームスのクレジットだが、耳をこらせばバック・コーラスに男のジョニーの声が聞ける。ファンがダイアナ・ロス＆スプリームスが歌う「またいつの日にか」を初めて聞いたのは69年12月21日、テレビ番組「エド・サリヴァン・ショー」に彼女達が出演した時だった。

70年1月14日、ラスヴェガスのフロンティアー・ホテルでのライヴを最後にダイアナ・ロスはスプリームスを去った。「またいつの日にか」というメッセージを残し、スプリームスと60年代に別れを告げた。

音楽のスタイルや楽曲は異なっても、くしくも同時期に、時代と栄光の活動の軌跡にピリオドを打ったグループが他にもいた。「レット・イット・ビー」のビートルズ、「明日に架ける橋」のサイモン＆ガーファンクルだ。そしてスプリームスの本作と、それらの楽曲にはアーティスト、ファンともに言葉では表現しがたいある種独特の感情がついてまわる。

本作は派手さこそないが、全体にさわやかでスマート、モダンなポップ・バラードを主にまとめあげてある。特定の音楽ジャンルを乗り越えて多くの人々に愛され、楽しまれる作品作りを追求したモータウン・レコードの主張が、判りやすくソフトに表現されたアルバムである。

ここからの唯一の、アルバム・タイトルのシングル・ヒット曲に、68年のビートルズ作品「ヘイ・ジュード」とピーター、ポール＆マリーで人気を集めたボブ・ディラン作「風に吹かれて」を除けば音楽ファンは知らない楽曲ばかりだ。

「ビギニング・オブ・ジ・エンド」が69年春、「ザ・コンポーザー」(Motown-1146)とカップリングで、「ヤング・フォークス」がそれに続いて「ノー・マター・ホワット・シング・ユー・アー」(Motown-1148)がシングルB面収録で、本アルバム発売に先がけて発表されたが、ファンの注目は集められなかった。

アルバムとしてまとまりはあるが、地味な収録曲のなかで興味をそそる作品もある。ストリングスの華麗な調べをバックに、ポップでソフトに歌いあげた「ユー・ゲイブ・ミー・ラブ」、明るく陽気な「ラビング・ユー・イズ・スイーター・ザン・エバー」、収録曲中では最もリズム感のある、のりが良い「ホエン・イッツ・トゥ・ザ・トップ」がそれだ。

管弦楽器の演奏をバックに、厚く弾力性のあるサウンドの「ヤング・フォークス」も聞き込むほどに味わい

深さがでる。透明感のあるダイアナ・ロスの美しい歌声がさえわたったスプリームス黄金時代最後の本作は、CD復刻とはいえ、意外にも今回が69年のオリジナル・アナログ発売から数えて24年目の日本登場である。

ロイ・オービソン　　　　　　　　　　　　　　　　　　　Roy Orbison

　70年以降ロイの作品は日本国内ではベスト盤しか出ていない。彼が存命の時に日本国内でのレコード発売の交渉もしたことがある。思いで深い彼の米オリジナル盤を一度は自分で手がけたいという思いが実現した作品。彼の他界後に知った人望の広さ、そして想像以上の他のミュージシャン達に与えた影響の深さなど、まだまだロイの魅力の計り知れなさを痛感しながら書くことになったライナー・ノーツだ。

＜以下、2005年発売のCDに掲載された、かまち潤のライナー・ノーツより転載＞

ロイ・オービソン
『オービソングス』

Roy Orbison
Orbisongs

(1) おお、プリティ・ウーマン
　　(Oh, Pretty Woman)
(2) ダンス
　　(Dance)
(3) ユー・アー・マイ・ガール
　　(<Say>You're My Girl)
(4) グッドナイト
　　(Goodnight)
(5) ナイト・ライフ
　　(Night Life)
(6) レット・ザ・グッド・タイムス・ロール
　　(Let The Good Times Roll)
(7) センチメンタル
　　(<I Get So> Sentimental)
(8) ヨ・テ・アモ・マリア
　　(Yo Te Amo Maria)
(9) ウェディング・デイ
　　(Wedding Day)
(10) スリーピー・ホロー
　　(Sleepy Hollow)
(11) 22デイズ
　　(Twenty-Two Days)
(12) レジェンド・イン・マイ・タイム
　　(I'd Be A Legend In My Time)

Produced by Fred Foster

ロイ・オービソン
1936 〜 1988

　ひとりのポピュラー音楽ファンとして、いまも心残りなことがいくつかある。そのひとつが生前のロイ・オービソンのステージを生で見て聞けなかったことである。
「あばたもえくぼ」のように、特定のアーティストの音楽に惚れ込まない主義だが、改めて振り返ると、私にとりロイはどうも別格なミュージシャンだったようだ。最も有名な「おお、プリティ・ウーマン」をはじめ、「イン・ドリームス」、「夢見る乙女」、「恋のむせび泣き」等個人的な好みに合う作品も多く、ケチのつけようもない。
　もちろん、美しくしなやかにのび、ころがるような彼の声も好みに合う重要な要素である。
　音楽ファンだけでなく、ミュージシャン達からも、生前の彼は多くの信頼と尊敬を集めていた。それを如実に物語るドラマチックな記録が残っている。1987年9月30日、米ロサンゼルスのココナット・グローブ・ボールルームで行われたロイのライヴだ。
　この貴重な公演は後に彼初、唯一のライヴ・アルバム『ア・ブラック・アンド・ホワイト・ナイト・ライヴ』とビデオ「オンリー・ザ・ロンリー〜ロイ・オービソン・スペシャル・セッション」として発売されている。
　一時ロイは、しなやかにのび、よどみなく美しいトレード・マークの声に衰えがみられたことがある。60年代末頃、ヒット曲もなく、活動にかげりが見えた受難の時代に、セールス・ポイントの歌声も、高音ののびに衰えが感じられた。年齢的という見方もあり、音楽ファンは落胆し、誰もがおそらくロイの復活はないと思っていた。
　その彼が87年にヴァージン・レコードと専属契約を結び、レコーディング活動を活発に再開する。しかも同社から最初に発売、往年のヒット曲を再録したベスト・アルバム『イン・ドリームス』を聞いたファンは、唖然とした。
　気になるが、理由は本人に聞いてもわからない。「声が昔の状態に戻った」とロイがマスコミに語ったように、確かに全盛時の歌声がそのベスト・アルバムに刻まれている。
　ロイの復活がさらに現実になった出来事が前述のライヴである。ファンの期待を上まわる内容のステージもさることながら、それ以上、信じがたい予想外の、豪華な顔ぶれのアーティスト達がロイのステージをサポートした。
　いずれもロイを尊敬、音楽的な影響を受けたミュージシャンである。エルヴィス・コステロ、ブルース・スプリングスティーン、ジャクソン・ブラウン、トム・ウェイツ、J. D.サウザー、ボニー・レイット、ジェニファー・ウォーンズ、k. d.ラング等が一堂に会したライヴ、まさにお祭りの様相である。
　この豪華なスター達が内気なロイを持ち上げ、引き立て役に徹する光景は楽しくもあり、感動的でもある。彼ら自身が憧れのロイと共演できるファン

のような心境で、ステージに立っていることが、映像から伝わってくる。

このような豪華なライヴでなくとも、ロイの歌声を生でという望みは88年12月6日、彼の死によって絶たれてしまった。

思えばロイはソングライター、歌手、どちらも天性の才能に恵まれていたが、私生活は、その反動ではないと思うが、不運の連続だった。若くして極度の近視から黒縁のメガネをかけ、それが彼のトレード・マークになった。だが、いつからかそれが彼の表情を隠すマスクになる。

60年代半ば以降、トレード・マークのメガネはサングラスに変わり、ロイの背負った悲しみを隠すマスクといわれた。それを物語るように、彼は人前でサングラスをはずすことはなく、素顔を見せなかった。

ポピュラー音楽史に残る偉大な天才ミュージシャン、ロイは米テキサス州ヴァーノンで1936年4月23日に誕生した。幼い頃からギターやハーモニカを演奏し、地元のバンドのライヴやラジオの番組で彼はR&B、カントリー音楽のヒルビリーやウェスタン・スイングを聞きまくった。十代でカントリー音楽に熱中し、アマチュア・ミュージシャンとして地元のヴァーノンやウィンク地区で活動を始めた。

ロイは高校在学中にカントリー音楽のヒルビリーを演奏するバンド＝ウインク・ウェスターナーズを結成し、イベントや地方のテレビ番組に出演した。バンド活動はとても楽しく、利益率の良いアルバイトだったが、当時のロイは将来プロのミュージシャンになる気はなかった。

バンド・リーダーでの成功が、あくまでも彼の夢だが、高校卒業後にロイが選んだ道は音楽ではなく、平凡で現実的な、ノース・テキサス・ステート大学への進学だった。

父親と同じ地元の油田会社に就職して、平凡な家庭を持つことがロイの現実的な目標だった。

しかし、このロイの類い希な音楽の才能に注目したひとりの若者が、彼の保守的な考え方に異議を唱えた。正確には、異議をというより内気なロイを励ましたというほうが相応しいだろう。それがロイと同じ大学の友人で、すでにパブリック社から数枚のシングル・レコードを発表していた学生歌手のパット・ブーンである。

学業と並行して歌手活動するパットの姿に勇気づけられ、夢をあきらめるなと彼に説得され、ロイは一時中断していた音楽を再び始める。

5人編成のバンド、ティーン・キングスがロイのプロ・ミュージシャンとしての活動の出発点になった。バンドは55年にニュー・メキシコ州クロヴィスのフリー・プロデューサー、ノーマン・ペティのスタジオ（バディ・ノックス「パーティ・ドール」やバディ・ホリー＆ザ・クリケッツ「いつの日にか」、ともに57年全米1位等の名作が作られたところ）で今では現物が入手不可能なお宝シングル・レコードとなる、初めてのレコーディン

グを行った。

しかも、ロイのグループが行ったこの録音が同スタジオでプロ・ミュージシャンの記念すべき第1号作品だった。

呪文のような題名の「ウービー・ドゥービー」と「トライン・トゥ・ゲット・トゥ・ユー」の2曲がその時に録音され（現在では筋金入りのレコード・コレクターでも現物が入手不可能なお宝シングル・レコード）、ジュエル（Jewel-101）から翌年発売された。

そのデビュー・シングルはファンの耳にほとんど届くことはなかったが、ローカル・テレビの番組で出会ったカントリー歌手、ジョニー・キャッシュの紹介で彼が所属するサン・レーベルでそれを再録音する機会を得る。

同56年半ばにサンから、ロイ・オービソン&ティーン・キングスのクレジットで「Ooby Dooby / Go, Go, Go」(Sun-242) が発売、全米ポピュラー・シングル・チャートで最高59位を記録する初ヒットとなる。

このささやかな成功がロイのサン・レコードでの以後の制作活動を促進した。同社では「Rockhouse / You're My Baby」(Sun-251)、57年「Devil Doll / Sweet And Easy To Love」(Sun-265)(60年に再発)、58年「Chicken Hearted / I Like Love」(Sun-284) のシングル盤4枚（再発は除外）と1枚のアルバム『Roy Orbison At The Rockhouse』(Sun-1260) が発売された。

躍動的なリズムのウェスタン・スイング、あるいはロックン・ロールとバラード、いずれもストレートでシンプルな曲調が、サン時代のロイ作品の特徴であり、同時代の音楽仲間のエルヴィス・プレスリーやカール・パーキンスのスタイルにも共通する。

しかしながら、サンでのロイはファースト・シングル曲を除き、ヒット曲には縁遠く、ファンの印象は極めて薄い。

57年頃からロイは自分が歌手に向かないのではと思い、ソングライターのような裏方の活動に方向転換しょうと考え始めた。

ちょうど同じ頃、地方公演で一緒だった男性デュオ、エヴァリー・ブラザーズから新曲を探しているという話があり、ロイはその場でまだ歌詞が未完成のオリジナル作品を披露した。ハイ・ピッチのリズムが特色のその曲をエヴァリーはとても気に入り、完成作を求めた。ロイは歌詞を完成し、彼らに作品を手渡した。

それが58年エヴァリー最高の傑作「夢を見るだけ」と組み合わせでシングル発売、全米30位を記録した「クローデット」（作品はクローデット・フレディという一時期ロイのバンドに参加していた女性ミュージシャンがモデルで、このヒットが記録された時は彼の妻だった）である。

このエヴァリーのヒットがロイのソングライターとしての活動に弾みをつけることになるが、彼が歌手の道を断とうとすることに異議を唱える人物がいた。それが当時ロイが在籍したエイ

IX　かまち潤のライナー・ノーツ(未発表作品も含む)

カフ・ローズ音楽出版社の社長、ウェズリー・ローズだった。彼は歌手ロイの天性の歌声を高く評価し、RCAと1年のレコーディング契約の話をまとめる。

歌手活動に見切りをつけかけていたロイはRCAでソロ・レコーディングを行うこととなり、自作やエヴァリーに数々のヒット曲を提供しているブードロー＆フェリス・ブライアント・コンビの作品を録音する。58年に1枚目のシングル「スウィート・アンド・イノセント」(RCA-7381)を、翌年「オールモスト・エイティーン/ジョリー」(RCA-7447)を発表した。同社では2枚のシングルしか発表していないが、89年日本だけでCD化されたロイの『ザ・RCA・デイズ』のアルバムには、さらにお蔵入りの貴重な3曲が追加収録されている。

結論からいえば、このRCA時代のロイの作品はサン時代よりも注目されなかった。ロックン・ロールとバラードと音楽の内容に特別な変化はないが、ファンの興味を刺激するような楽曲がなかったことが失敗の大きな原因だった。

契約通りロイは1年でRCAレコードから契約を解除された。しかし、彼にはまだ歌手としての価値を認める会社があった。ウェズリーはテネシーのナッシュビルに会社を構えた設立まもないモニュメント・レコードの社長、フレッド・フォスターにロイとのレコーディング契約を申し込んだ。

幸運にもフレッドはサン・レコード時代のロイを記憶していたことから、ウェズリーはなんとか契約を取りつけることに成功する。

ロイのモニュメント・レコードでの第1歩はRCA時代にお蔵入りした「ペイパー・ボイ/ウィズ・ザ・バッグ」(Monument-409)の再録とシングル盤の発売だった。

続いて同59年、2枚目の「アップタウン/プリティ・ワン」(Monument-412)を発表するが、ロイの活動には何の変化も起こる気配がなかった。

この頃の唯一の救いは、以後ロイの良きソングライターのパートナーとなるジョー・メルソンとの出会いである。

明けて60年、最初のヒットから足かけ4年目でようやく、「アップタウン」が全米チャートに入る2曲目の作品になった。結果は72位とほとんど注目に値しないが、ともかく、ほんの少しの変化を実感した。

だがロイ自身は依然歌手で活動する自信がなく、常に不安を感じていた。そういう時期に彼はジョーと協力して初めての作品を書きあげた。

自分で歌う自信がなかったこともあり、当初作品は他のアーティストにゆだねるつもりでいた。はじめにロイは作品をたずさえてグレイスランドのエルヴィス・プレスリーの自宅を訪ねた。この時は運悪くエルヴィスには会えず、次にエヴァリーに作品をすすめるが、彼らには拒否される。

結局ロイ自身がその作品をモニュメントでの3枚目シングル曲として録音

した。それがロイの歌手人生を大きく変えたビッグ・ヒット、バラードの名作「オンリー・ザ・ロンリー」だった。

のびのある美しい歌声がまぶしいほどの「オンリー・ザ・ロンリー」は「ヒア・カムズ・ザット・ソング・アゲイン」(Monument-421) と組み合わせでシングル発売され、全米2位に大躍進、初のミリオン・セラーを記録した。

この1曲の成功からロイ自身と彼を取り巻く環境、周囲の反応が大きく変わった。加えて、それまでは作ることが苦しく、時には絶望感を味わったヒット曲が、今度は面白いように相次いで生まれてきた。

60年はロッカ・バラードの「ブルー・エンジェル」(全米9位ミリオン・セラー) とドゥワップ風のコーラスをバックに歌いあげた「恋の傷あと (I'm Hurtin')」(全米27位ミリオン・セラー) が「オンリー…」に続いた。

明けて61年もドラマチックなバラードの「ランニン・スケアード」(全米1位ミリオン・セラー)、裏声を聞かせたセンチメンタルな「恋のむせび泣き (Crying)」(全米2位ミリオン・セラー)、ブルース調の「キャンディ・マン」(全米25位) がヒット・チャートをにぎわせた。

最初のビッグ・ヒット「オンリー…」からの2年間はまたたくまに過ぎ、ロイは米ポピュラー音楽界を代表する人気歌手となり、優れたソングライターの名声も獲得する。

ロイとジョーが組んで作品を手がけてからヒット曲が生まれ、「キャンディ…」を除くすべて、5曲のミリオン・セラーが2人のオリジナルである。

62年を迎えてもロイの勢いは止まらなかった。「夢見る乙女 (Dream Baby)」(全米4位ミリオン・セラー)、「おいらの仲間 (The Crowd)」(全米26位)、「思い出の恋人 (Leah)」(全米25位)、「おいらの仕事 (Workin' For The Man)」(全米33位ミリオン・セラー) の4曲、ラテンやゴスペルの音の色合いの作品も含むが、ロイの美声が引き立つポップなバラードで統一されている。

続く63年はクロウド・デミトリアス作で、58年にジェリー・リー・ルイスが歌ったロックン・ロールのリメイク「ミーン・ウーマン・ブルース」(全米5位ミリオン・セラー) 以外は、オリジナルの「イン・ドリームス」(全米7位ミリオン・セラー)、「恋に落ちて (Fallin')」(全米22位ミリオン・セラー)、「ブルー・バイユー」(全米29位ミリオン・セラー)、「プリティ・ペイパー」(全米15位) のバラードがヒット記録を更新した。

同年5月、ロイは初の海外コンサート・ツアーをイギリスで行った。この時彼と行動を共にしたミュージシャンが、ビートルズとジェリー&ザ・ペイスメイカーズである。

イギリス・コンサート・ツアーをロイと一緒に行ったビートルズが、それから半年後にポピュラー音楽界を大混乱に陥れる歴史的なブームを巻き起こす。

ビートルズとイギリスのビート・グループのアメリカ進出はポピュラー音楽界を活性化する重要な起爆剤になった。アメリカの多くのミュージシャンがイギリスのバンドの音楽を範とし、積極的にオリジナルの作品作りを行うようになった。

すでに独自のクリエイティヴなオリジナルのスタイルを確立していたロイの音楽は、英ビート・グループの影響を受けなかった。しかし、この頃ひとつの重要な問題が浮上した。それがソングライターのパートナー、ジョーとの意見の相違だった。

ジョーはアーティスト活動にも強い興味を抱き、ロイとの共同作業にピリオドを打った。だが、その直後にタイミング良く、ロイは新たなソングライターのパートナーを迎える。それがテキサス出身のミュージシャンで、以前ロイとは一緒に演奏活動もしたことがあるビル・ディーズだった。

ビルとロイが初めて協力して書いた作品は64年全米9位ミリオン・セラーを記録するアコースティック・ギターのリズムと、コーラスをバックにしたドラマチックな展開のポップ・バラードの「イッツ・オーヴァー」である。

元々ビルが以前着手したが未完成だったもので、ロイが提供したアイデアをきっかけにできあがった。そして次に2人はビートルズ人気に圧倒されていたアメリカ勢の、反撃を宣言するメモリアルな、ポピュラー・ヒット史に残る傑作を書き上げる。

それが400万枚のミリオン・セラー、当時チャートの頂点にいた英ビート・グループ、アニマルズの「朝日のあたる家」を押しのけて全米1位に輝いた「おお、プリティ・ウーマン」である。

現在でもロイの代表作として多くの音楽ファンに愛聴されているこの作品は、65年当時のコカ・コーラのコマーシャル・ソング「Things Go Better With Coke」にも採用された。

65年6月、ロイとモニュメント・レコードの契約が終わった。ウェズリーは同社とロイを再契約させる気はなく、すでにMGMと交渉を進めていた。

ビルと共作のヒット「ユー・アー・マイ・ガール」(全米39位)を最後にロイはモニュメントからMGMに移籍した。そして移籍から2ケ月後にMGM最初のシングル「ライド・アウェイ」を発売した。

作品はモニュメント時代の心地よい余韻を受け継いだロイ得意のバラードで、幸先の良い高い成果が期待されたが、ヒット・チャートでの成績は25位とふるわなかった。

以後も「ブレイキン・マイ・ハート」(66年全米31位)や「恋の未知数(Too Soon To Know)」(66年全米68位)等、ヒット曲は作られるが、成績は下降線をたどった。

この音楽活動の不振に追い打ちをかけるように、最初の悲劇がロイを襲った。それが最愛の妻、クローデットの死だった。

1966年6月6日、テネシー州ブリストルでクローデットが運転するオート

バイがトラックと衝突事故を起こし、彼女は1時間後に息を引き取った。

ロイはこの悲劇を忘れるために、必死で仕事に打ち込んだ。MGM映画「ファステスト・ギター・アライヴ（The Fatest Guitar Alive）」に初出演、主題歌を含む8曲の歌を劇中で披露した。西部劇と歌、ロイは映画の仕事を楽しんだが、興行成績はかんばしくなかった。

1967年6月「クライ・ソフトリー・ロンリー・ワン」のシングルがMGMから発売される。成績は52位、これが同社でのロイの最後のヒット曲となり、以後レコーディング活動も74年まで中断される。

クローデットの事故死に続き、68年9月に二度目の悲劇がロイを襲った。当時英コンサート・ツアー中のロイに訃報が伝えられる。彼のナッシュビルの家が火災にあい、3人の息子達のうち、ロイ・ジュニアとトニーが焼死した。

相次ぐ家族の悲劇、そしてレコード会社との契約終了、ロイは表舞台から姿を消した。日本の音楽ファンには当然彼のライヴを見ることができず、彼の動向を知る唯一の手がかりのレコードの発売もない。68年からの6年半の長い空白期間は、ファンの記憶からロイの存在を遠ざけるには十分過ぎるものだった。

その空白期間中にもMGMとエイカフ・ローズ音楽出版社は、お茶を濁すようなロイの編集企画アルバムを発売するが、ファンは見向きもしなかった。

ロイが再び音楽の表舞台に帰ってきたのは74年。マーキュリーとの1年間限定、久々のレコーディングだった。同社では3枚のシングル「Sweet Mama Blues / Heartache」(Mercury-73610)、「Hung Up On You / Spanish Nights」(Mercury-73652)、「It's Lonely / Still」(Mercury-73705)と、1枚のアルバム『I'm Still In Love With You』(Mercury-1045) が発売された。

このマーキュリー作品はロイがビルとジョーとのコンビで書いたオリジナルを中心に、明るいラテン風な音のエッセンスを含んだポップスやバラードで、ソフトなイメージに統一、心地よい雰囲気の音楽だが、ファンはそのレコード発売すら気付かなかった。

トレード・マークの黒縁サングラスの、ロイの顔のイラストをジャケットいっぱいに拡大したマーキュリー・アルバムは、アメリカのレコード店で初めて目にしたとき、彼の久々の新作とは思えない違和感を覚えた。

結局マーキュリーでの1年間のレコーディング活動でもロイは復活の糸口を見いだすことができなかった。

ロイのレコーディング活動は再び停止する。次に彼のもとにレコーディングの話が持ち込まれたのは79年、これも1年限りのアサイラムでの活動だった。

ロイは新しいソングライターのパートナー、クリス・プライスとのオリジナルやレニー・ルブラン等の作品を録

音、バラードとハードなロック調の、2枚のシングル「Tears / Easy Way Out」(Asylum-46048)と「Poor Baby / Lay It Down」(Asylum-46541)とアルバム1枚『Laminar Flow』(Asylum-198)を発売する。

　アサイラムでもロイの音楽活動には何も変化が起こらなかったが、翌80年、ミート・ローフ出演の映画「ローディー」のサウンドトラック用の1曲、エミルー・ハリスとのデュエットが、彼にささやかな輝きを取り戻させる。

　ロイがクリス・プライスと共作したバラードのその楽曲「胸ときめいて(That Lovin' You Feelin' Again)」はクレイグ・ハンドレーの曲とイレギュラーの組み合わせで、ワーナー・ブラザーズからシングル発売され、13年ぶりに全米チャートの55位に入った。さらにこの作品は80年のグラミー賞「最優秀カントリー・デュオ＆グループ」を受賞する。

　数多くの音楽ファンの記憶にロイの名前が鮮やかによみがえる時がやってくる。それが1987年1月21日のロックン・ロール・ホール・オブ・フェイム（名誉の殿堂入り）に彼が選出された時である。授賞式のステージに立ったロイは代表作「おお、プリティ・ウーマン」を、特別参加のブルース・スプリングスティーンと共に歌った。

　そして同年7月、ロイはヴァージンとレコーディング契約を結び、復活への確かな手応えをつかむ。自身のヒット曲を再録したベスト集『イン・ドリームス』や初のライヴ・アルバム『ア・ブラック・アンド・ホワイト・ナイト』を相次いで発売する。

　翌88年にはジョージ・ハリスン、ボブ・ディラン、トム・ペティ、ジェフ・リンとトラヴェリング・ウィルベリーズを結成、1枚のアルバムと「ハンドル・ウィズ・ケア」（全米45位）のシングル・ヒットを発表する。

　だが、ロイの音楽活動が再び活気付いたその時、取り返しのつかない悲劇が彼を襲った。88年12月4日、ロイはオハイオ州クリーヴランドでコンサートを行った。その2日後、テネシー州ナッシュビル、ヘンダーソンヴィルの母親の家を訪ねた時、胸の痛みを訴えてロイは地元の病院に緊急入院した。

　そして夜明け前、心臓発作で彼はあっけなく息をひきとった。享年52才、78年にも彼はテネシー州ナッシュビルの病院で心臓の検査、手術を受けていた。

　ロイの死の翌年、皮肉にも「ユー・ゴット・イット」が24年ぶりに全米ベスト10内にランク・イン（9位）、ヴァージン発売のアルバムも相次いでチャート・イン、90年には映画「プリティ・ウーマン」の主題歌に代表作が使われ、人気と話題を集めた。

ロイの代表作を収めた幻のアルバム：40年ぶりの初オリジナル復刻

　「おお、プリティ・ウーマン」は映画、日本のテレビ・コマーシャル・ソ

ングにも採用され、それは作品発表から41年後の現在も広く、根強い人気を持っている。しかしながら、この楽曲が発表された当時からとても気になっていたことがある。それがこの代表作を収録したアルバムが、オリジナルの形で過去日本では一度も発売されていないということである。この作品が最初にヒットした時、当時の日本でのレコード発売会社のキングは、それ以前に発表のロイの人気楽曲も入れた企画・編集アルバムを65年3月に発売（『おお、プリティ・ウーマン』MH-193）した。本作の代用だったが、以後日本でのロイ作品の発売会社がテイチク〜ソニーと変わっても、モニュメント時代（ベストは除外）の彼のオリジナルはアナログ、CDでも一度も国内では復刻発表されていない。今回ようやくそのオリジナル復刻の企画が本作で実現することは、ロイ及び60年代ポップスのファンにとり、待望かつ喜ばしいことである。

本作はアメリカで65年に発売、ロイのモニュメント時代の作品を担当したフレッド・フォスターがプロデュースを手がけた。

(1) おお、プリティ・ウーマン (Oh, Pretty Woman)

ロイが買い物に出かける妻のクローデットに「お金は？」と問いかけると、たまたま遊びにきていたビルが「いい女に金は必要ないさ」といった一言がきっかけで書かれた作品である。作品はクローデットが買い物から帰った時にはすでに完成していた。

導入部を含み、ギターとドラムス演奏が印象的なロイの代表傑作。「ヨ・テ・アモ・マリア」（Monument-851）と組み合わせでシングル先行発売、全米1位、世界で400万枚のレコード・セールスを記録したミリオン・セラー・ヒット。

(2) ダンス (Dance)

ロイの最初のソングライター・パートナー、ジョー・メルソンとのオリジナル執筆。

バックにコーラスを従え、ツイスト・リズム風なロックン・ロールを展開する躍動的なダンス・ポップ・ナンバー。

(3) ユー・アー・マイ・ガール (<Say>You're My Girl)

65年「スリーピー・ホロー」（Monument -891）と組み合わせでシングル発売、ロイのモニュメントでの最後のシングル・ヒット曲（全米39位）。ロイとビルの共作オリジナル、明るく、陽気でラテン風な色彩のメロディーがセールス・ポイントの、ポップなミディアム・バラードである。

(4) グッドナイト (Goodnight)

「おお…」に続き、65年早々「オンリー・ウィズ・ユー」（Monument-873）と組み合わせでシングル発売、全米21位を記録したロイのモ

ニュメント時代通算で19曲目のシングル・ヒット。これもビルとの共作、ギターの歯切れ良いリズムをバックに始まり、途中からストリングスの美しくも華麗な調べを加え、ドラマチックな音を演出した作品。

⑸ ナイト・ライフ(Night Life)

ロイとジョーの共同執筆作、管楽器とピアノの演奏を主に、アクセントでストリングスを加えた斬新なサウンドが印象的。オーソドックスなバラードがメインのロイ作品では異色の1曲、スローで癖のあるダンス調のポップ・ナンバー。

⑹ レット・ザ・グッド・タイムズ・ロール
(Let The Good Times Roll)

ニューオリンズ出身の黒人男女R&Bデュオ、シャーリー&リー56年のヒット曲。バニー・シグラーで67年にリバイバル、レイ・チャールズ、アニマルズ、ニルソン、ライチャス・ブラザーズ等、R&B、ロック、ポップスと幅広い音楽分野でカヴァーされている人気楽曲である。

ロイの作品は「ディスタント・ドラムス」(Monument -906) と組み合わせでシングル発売、彼がMGM移籍後にヒット（全米81位）。シンプルで荒削りなオリジナルに比べ、ロイはハーモニカ演奏で彩りを添え、滑らかでモダン、軽いスイング感を伴ったポップスにアレンジして聞かせる。

⑺ センチメンタル
(〈I Get So〉 Sentimental)

ロイとジョーの共作、バック・コーラスを伴ったセンチメンタルな旋律のバラード。ラテン・タッチの曲調が、さわやかで、すがすがしく、耳あたりの良い作品である。

⑻ ヨ・テ・アモ・マリア
(Yo Te Amo Maria)

ロイとビルの共作、日米とも64年当時「おお、プリティ・ウーマン」と組み合わせでシングル発売、ヒット・チャートにはからまなかったが、往年のポップス・ファンには印象深い作品である。ロイ好みのラテン調のポップ・バラードで、共作者のビルも歌で録音に参加している。

⑼ ウェディング・デイ
(Wedding Day)

本作収録4曲目のロイとジョーの共作、優雅で美しいストリングスの調べとソフトなバック・コーラスを伴った暖かく、ロマンチックなポップ・バラード。

⑽ スリーピー・ホロー
(Sleepy Hollow)

珍しいビルの単独執筆作品、本作からの3枚目シングル曲として「ユー・アー・マイ・ガール」と組み合わせて65年に発売。テネシー州ヘンダーソンヴィル（作者ビルの自宅）付近の入り江の呼び名を題材にした甘く、ソフトでメランコリック

なポップ・バラード。

(11) 22デイズ
(Twenty-Two Days)

リック・ネルソン(「ハロー・メリー・ルー」61年全米9位)やクリスタルズ(「ヒーズ・ア・レベル」62年全米1位)等のヒット曲を提供している男性歌手、ジーン・ピットニー(「リバティ・バランスを射った男」や「愛の痛手」等自身のヒットも60年代に多数あり)のオリジナル。ジーンは62年発表の自身のデビュー・アルバム『The Many Sides Of Gene Pitney』(Musicor-3001)にこの楽曲を収録した。

オリジナルはジーンの高音ヴォーカルをフィーチャーしたシャープな味わいのポップスだが、ロイは親しみやすいソフトなバラードに編曲して聞かせる。

(12) レジェンド・イン・マイ・タイム
(I'd Be A Legend In My Time)

ロイが最も好きな男性カントリー歌手、ドン・ギブソンの作。この作品はロイのフェイバリット・ナンバーらしく、MGMでも再録され、67年発表のアルバム『Roy Orbison Sings Don Gibson』(MGM-4424)にも収められている。

心やすらぐ、ソフトでさわやかな旋律のポップ・バラードである。しなやかなロイの歌声にとても良く調和した隠れた名曲である。

IX　かまち潤のライナー・ノーツ(未発表作品も含む)

ジョー・コッカー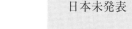

　本稿は当初日本発売される予定のライナー・ノーツだった。3レーベルでの異なったジョーの音源をカナダで企画・編集したCD作品だが、発売契約の関係で急遽中止になった。結局、使用音源に問題が生じ、アメリカとカナダのみ発売、それ以外の国ではワンショット、ないしスポットでの契約を改めて結ばなければ許可が得られず、日本ではこのジョー・コッカー初の編集企画CDは見送られた。

＜以下、CDに掲載される予定だった、かまち潤のライナー・ノーツより転載＞

ジョー・コッカー
(※日本未発表作品)

日本未発表

Joe Cocker
Joe Cocker Legends

⑴ ウィズ・ア・リトル・ヘルプ
　 (With A Little Help From My Friend)
⑵ フィーリン・オールライト
　 (Feelin' Alright)
⑶ ザ・バスルーム・ウインドー
　 (She Came In Through The Bathroom Window)
⑷ クライ・ミー・ア・リヴァー
　 (Cry Me A River)
⑸ ミッドナイト・ライダー
　 (Midnight Rider)
⑹ パードン・ミー・サー
　 (Pardon Me Sir)
⑺ 美し過ぎて
　 (You Are So Beautiful)
⑻ デルタ・レディー
　 (Delta Lady)
⑼ あの娘のレター (The Letter)
⑽ ハイ・タイム・ウィ・ウェント
　 (High Time We Went)
⑾ ウーマン・トゥ・ウーマン
　 (Woman To Woman)
⑿ 灯りを消されて
　 (Put Out The Light)
⒀ ファン・タイム (Fun Time)
⒁ 青い影
　 (A Whiter Shade Of Pale)
⒂ 悲しいうわさ
　 (I Heard It Through The Grapevine)
⒃ 愛と青春の旅だち
　 (Up Where We Belong)
　 ※ with Jennifer Warnes

美声であることが歌手の絶対条件、といわれたのは過去の話である。時代の推移とともに音楽の流行も大きく変化した。とくに50年代ロックン・ロール以後は、年を追うごとにアーティストの個性や自由で独創的な表現力を求める傾向が強くなっている。音楽、歌ともそれに伴い型破りなもののほうがファンの注目を集めやすいとさえいわれている。

　歌手に限っていえば、声質が良く、声量があるにこしたことはないが、たとえそれらの条件を満たさなくても、優れた表現力＝聞き手を感動させる歌心があれば、ファンを十分満足させられる。

　しわがれ、割れた耳障りな声も歌の世界では単なる悪声でなくなるから不思議だ。かつては歌手に不向きといわれたその悪声も、70年以降、渋い、味わいがあるとファンに歓迎されている。ボニー・タイラー、キム・カーンズ、ロッド・スチュワート、そして本作品のジョー・コッカーもその代表的なアーティストである。

　彼らの成功は時代の欲求と、音楽や歌に対する情熱的で真摯な姿勢が合致した結果である。ジョー・コッカーやロッド・スチュワートのように黒人音楽の影響を強く受けた歌手は、むしろ美声より癖のある悪声のほうが迫力、そして聞き手には説得力がある。実際彼らは黒人アーティストにも見劣りがしないバイタリティとエネルギーをもち、R&B色の濃い歌が得意というだけに、生まれ持った特性は利にかなっている。

　声の質、音楽スタイルとも類似した2人だが、レコード・デビューから約30年に手が届こうかという現在では、それぞれの音楽のスタンスは異なる。ロッドは都会的で洗練した音楽を追求し続け、かたやジョーは荒々しく、野性的で男臭い硬派なヴォーカリストの道を邁進している。

　振り返れば70年、レオン・ラッセルとの息の合ったコンビネーションでセンセーショナルなライヴ、レコーディングを行ったマッド・ドッグス＆イングリッシュメンの時からジョーのヴォーカリストとしての魅力、存在は確立されていた。そして23年後の現在もそのパワーとバイタリティに衰えはない。そんな彼の足跡、ロック／R&B歌手としての類い希な魅力を綴ったアルバムが本作品である。

　ジョー・コッカー（本名ジョン・ロバート・コッカー）はイギリスのシェフィールドで1944年5月20日に生まれた。彼の音楽活動は60年早々、学友達と当時国内で流行していたスキッフルのバンドの結成にはじまる。ただその頃の彼はヴォーカリストではなく、ドラマーだった。

　このアマチュア・バンドでの活動期間は短く、後にプロでの第一歩になる兄ヴィクターが在籍していたスキッフル・グループ＝キャヴァリアーズに加わった。キャヴァリアーズは後年ヴァンス・アーノルド＆ザ・アヴェンジャーズに改名、この頃からヴォーカ

リストとしてのジョーが徐々に脚光をあびる。

64年に最初のチャンスがめぐってくる。マンチェスターで英デッカ・レコードのプロデューサー、マイク・リンダーが立ちあったオーディションを受け、その結果念願のソロ・デビューが実現した。それが64年9月に発売されたシングル盤「I'll Cry Instead / Precious Words」(Decca-11974)である。

A面の「I'll…」は同年7月に発表されたビートルズのアルバム『ビートルズがやって来るヤァ！ヤァ！ヤァ！』収録曲、ジョン・レノンとポール・マッカートニー作のカヴァーである。ギタリストのビッグ・ジム・サリヴァン（タイガーやウォーカー・ブラザーズなどのレコーディングに参加、ソロ・アルバムも発表）とアイヴィ・リーグ（「Funny How Love Can Be」や「Tossing And Turning」などのヒットがある英ポップ・グループ）をバック・コーラスに従えてこの曲を録音した。

歯切れが良いリズムを効かせたのりのよいポップなロックン・ロールで、決して悪い出来ではなかったが、不発に終わった。このレコードはアメリカでもフィリップス社から同年ヴァンス・アーノルド＆ザ・アヴェンジャーズのクレジットで発売されるが、こちらもファンの興味をひけなかった。

ジョーがツアーやライヴ活動を主体にした新バンド、ビッグ・ブルースを64年頃に結成する。このバンドも目立った成果がないまま約1年で解散するが、その間、彼のその後の音楽人生に重要な転機をもたらす1人の男との出会いがあった。それがクリス・スティントンで、ジョーは意気投合した彼と新たなバンドの結成へと動いた。

ジョーとクリスはシェフィールドで活動していた3人のミュージシャンを加え、66年にグリーズ・バンドを旗揚げする。グリーズ・バンドが得た最初のチャンスは翌67年、レコード・プロデューサーのデニー・コーデルがジョーとクリスから送られたデモ・テープに興味をもったことが発端だった。

バンドはロンドンに呼ばれレコーディング・セッションが行われた。そこで収録された作品が68年3月、EMI系列のリーガル・ゾノホンから、シングル盤「Marjorine / New Age Of The Lily」(Regal Zonophone-3006)として発売された。成績は40位代止まりだが、これがイギリス国内でジョー・コッカーの名前がヒット・チャートに初めて記された作品である。

グリーズ・バンドはあくまでもジョーをバック・アップする役割に徹したユニットで、クレジットでも注目されなかった。そのためジョーのソロ・レコーディングという認識が強い。

ジョーとグリーズ・バンドの活動は以後69年まで約4年に及ぶ。この69年までの間にイギリス国内、アメリカでも「With A Little Help From My

Friends」や「Delta Lady」などのヒット曲が記録され、現在多くの音楽ファンが知るところの、エネルギッシュで野性味あふれたジョー・コッカーの、個性的なヴォーカル・スタイルが確立される。

ジョーとグリーズ・バンドは69年に別れた。グリーズ・バンドは単独で約2年、71年まで活動し、アルバム1枚『The Grease Band』(Harvest-790) を残し、消滅した。

いっぽうジョーは約3ヶ月の短期間だったが、レオン・ラッセル、カール・ラドル、ジム・ケルトナー、ボビー・キースらと大所帯のバンド＝マッド・ドッグス＆イングリッシュメンを70年に組み、57日間におよぶ65のコンサート・ツアーを行った。この模様は記録映画とライヴ・アルバムで発表、収録曲の中からジョーが歌う「あの娘のレター（The Letter）」がビッグ・ヒットし、以後の彼の人気と名声を決定した。

その後のジョーの活躍については改めて述べる必要もないだろう。クリス・スティントン・バンド（72〜73年）、ジョー・コッカー・バンド（74年）、コックン・ブル・バンド（74年）、ジョー・コッカー＆ヒズ・バンド（75年）、ジョー・コッカー＆スタッフ（76年）、ココモ（76〜77年）などのグループを従えてA&M、アサイラム、アイランド、キャピトルから次々作品を発表し、高い成果をあげている。

本作品はそのジョー・コッカーの68〜82年にわたる活動の軌跡を、A&M、アサイラム、アイランドと異なったレコード会社所有の権利を超え、カナダで特別に選曲、編集、アルバム1枚にまとめあげたベスト・テイク集である。内訳は、収録曲の大半12曲がA&M時代、3曲がアサイラム、1曲がアイランドの音源である。

(1) ウィズ・ア・リトル・ヘルプ
(With A Little Help From My Friend)

67年発表のビートルズ・アルバム『Sgt. Pepper's Lonely Hearts Club Band』収録のジョン・レノン＆ポール・マッカートニーが書いた楽曲。78年にビートルズがメドレー作品でヒットさせた他、76年の映画『第二次世界大戦』のサントラではジェフ・リン、78年の映画『サージェント・ペパーズ・ロンリー・ハーツ・クラブ・バンド』の劇中ではピーター・フランプトンとビー・ジーズがこの楽曲のカヴァー・ヴァージョンを聞かせる。

ジョーは69年6月発表、同楽曲名をタイトルにした彼初のソロ・アルバム（A&M-4182）にこの作品を収録、英米では「Something's Coming In」(A&M-991)、日本は「Don't Let Me Be Misunderstood」と組み合わせでシングル発売、全米ヒット・チャートで68位を記録する。

切なく訴えかけるようなジョーのヴォーカルが冴え、静動の変化に富んだ豊かな演出、構成が光る。バッ

クのギター演奏はジミー・ペイジ、アメリカでのジョーの初ヒット曲である。

(2) フィーリン・オールライト
(Feelin' Alright)

デイヴ・メイソン作、彼が73年に発表したアルバム『Dave Mason Is Alive』(Blue Thumb-54)収録曲、69年モンゴ・サンタマリアや71年グランド・ファンク・レイルロードでもヒットした。

ジョーの作品はデビュー・アルバム『With A Little…』に収録、「Sandpapper Cadillac」(A&M-1063)と組み合わせで69年にアメリカのみでシングル発売、全米ヒット・チャートで69位、72年にも再度33位にランク・インした。ブレンダ・ホロウェイとメリー・クレイトンをバック・コーラスに加え、デイヴのオリジナル・ヴァージョンよりホットで厚味と粘りがあるR&B色の濃いヴォーカルをジョーが聞かせる。

(3) ザ・バスルーム・ウインドー
(She Came In ThroughThe Bathroom Window)

69年発表のビートルズ・アルバム『Abbey Road』収録のジョン・レノン&ポール・マッカートニーが書いた楽曲である。73年にアイク&ティナ・ターナー、78年にピーター・フランプトン&ビー・ジーズなどのカヴァー作品が発表されている。

ジョー・コッカーの作品は69年のセカンド・アルバム『Joe Cocker』(A&M-4224)に収録、これも「Change In Louise」(A&M-1147)と組み合わせでアメリカのみでシングル発売、70年全米ヒット・チャートで30位を記録。スティール・ギターを部分的にフィーチャー、泥臭さとさわやかさが調和したユニークな構成の作品だ。

(4) クライ・ミー・ア・リヴァー
(Cry Me A River)

アーサー・ハミルトン53年の作、56年にジュリー・ロンドンがアルバム『Julie Is Her Name』(Liberty-3006)に収録、同年公開の映画『女はそれを我慢できない(The Girl Can't Help It)』にも彼女自身が出演して歌い、ヒットした。60年にはジャニス・ハーパーでリバイバルした。

ジョーの作品は70年のライヴ、サード・アルバム『Mad Dogs & Englishmen』(A&M-6002)に収録、「Give Peace A Chance」(A&M1002)と組み合わせでシングル発売、全米チャート11位を記録する。優雅なオリジナル・ヴァージョンがジョーにより、イメージが全く異なった作品に変わった。力強く、情熱的でエネルギッシュな歌声が終始リズムにのり、躍動する。

(5) ミッドナイト・ライダー
(Midnight Rider)

オリジナルはグレッグ・オールマ

ンの作、70年発表のオールマン・ブラザーズ・バンドのアルバム『Idlewild South』(Atco-342)に収録、74年に作者のソロ・レコードでヒットした。

　72年発表のジョー4枚目のアルバム『Joe Cocker』(A&M-4368)収録曲、「Woman To Woman」(A&M-1370)と組み合わせでアメリカのみのシングル発売、全米チャートで27位を記録する。バックに管楽器やコーラスを配置し、にぎやかで躍動感あふれる歌と演奏を披露する。ジョーの歌声が一段と熱く輝く。

(6) パードン・ミー・サー
(Pardon Me Sir)

　ジョーとクリス・スティントンの作、5曲目同様4枚目アルバム収録曲、イギリスでは73年に「She Don't Mind」と、アメリカは「St. James Infirmary Blues」(A&M-1407)と組み合わせでシングル発売、全米チャート51位を記録する。アメリカ南部のスワンプな雰囲気を歌と演奏にたっぷり練り込んだ快調なテンポの作品である。かすれ声を振り絞るジョーのヴォーカルが印象的な作品である。

(7) 美し過ぎて
(You Are So Beautiful)

　ビリー・プレストンとブルース・フィッシャーの作、作者ビリー74年のアルバム『The Kids & Me』(A&M-3645)に収録、同年彼がシングルB面曲で発表したがヒットはしなかった。

　ジョーは74年の5枚目アルバム『I Can Stand A Little Rain』(A&M-3633)に収録、75年イギリスでは「I Get Mad」と、アメリカは「It's A Sin When You Love Somebody」(A&M-1641)と組み合わせでシングル発売、全米チャート5位を記録するソロ・レコードでは彼最高のヒット曲である。

　日頃からアップ・テンポのエネルギッシュなロック／R&B曲が得意なジョーが、ここでは一転して本格的なスロー・バラードに挑戦、渋い歌声がより一層の叙情感を醸しだし、ドラマチックな雰囲気が演出される。

(8) デルタ・レディー
(Delta Lady)

　レオン・ラッセルの作、彼が70年発表のソロ・デビュー・アルバム『Leon Russell』(Shelter-8901)に収録した。

　ジョーの作品は69年のセカンド・アルバム『Joe Cocker』に収録、同年「She's So Good To Me」(A&M-1112)と組み合わせでシングル発売、全米チャート69位を記録した。粘着質なジョーの歌唱スタイルにあった楽曲である。厚目の女性コーラスにマーチ風な洒落た管楽器演奏も加え、ホットでポップな楽しい雰囲気をまき散らしたような演出、構成の作品だ。

⑼ あの娘のレター (The Letter)

ウェイン・カーソントンプソンの作、67年ボックス・トップスのレコードで全米チャート1位、69年にはアーバーズでリバイバル・ヒットした。

ジョーの作品は70年のアルバム『Mad Dogs…』に収録、「Space Captain」(A&M-1174)と組み合わせでシングル発売、全米チャート7位に入った。演奏、歌声ともに躍動感に満ちたダイナミックなスケールの、聞き手の心を熱く引きつけて離さない雰囲気と感覚の、これもジョーの代表的なレパートリー作品である。

⑽ ハイ・タイム・ウィ・ウェント (High Time We Went)

ジョーとクリス・スティントンの作、72年の4枚目アルバム『Joe Cocker』に収録、71年に「Black-Eyed Blues」(A&M-1258)と組み合わせでシングル発売、全米チャートで22位を記録した。重量感が漂うロックン・ロール・ナンバーだ。ホンキー・トンク調のピアノとギターのスライド演奏が、ジョーの粘着質な歌声とうまく調和し、独特ののりが演出される極上の作品である。

⑾ ウーマン・トゥ・ウーマン (Woman To Woman)

これも(10)同様ジョーとクリスの作、収録アルバムも同4枚目、72年に「Midnight Rider」(A&M-1370)と組み合わせでシングル発売、全米チャート56位に入った。単調なメロディとリズムにファルセットとラフな、二通りの歌声をのせ、バリエーションにとんだ少し風変わりな演出、構成の作品だ。

⑿ 灯りを消されて (Put Out The Light)

ダニエル・ムーアの作、74年のアルバム『I Can Stand…』に収録、「If I Love You」(A&M-1539)と組み合わせでシングル発売、全米チャート46位を記録する。明るくホットで、甘美なメロディを奏でるサックスの演奏をフィーチャーし、その心地よい調べにのってコーラス、ヴォーカルが一体になった盛り上がりをみせる。ジョーらしい、彼が最も得意とするパターンの作品だ。

⒀ ファン・タイム (Fun Time)

アラン・トゥーサンの作、ジョー78年のアサイラム・レコード移籍第1作アルバム『Luxury You Can Afford』(Asylum 6E-145)収録曲。イギリスでは「I Can't Say No」と、アメリカは「Watching The River Flow」(Asylum-45540)と組み合わせでシングル発売、全米チャート43位に入った。ファンキーなリズムの、のりが良いR&B調の楽曲で、バックの女性コーラスとジョーのヴォーカルが絡んだ絶妙

な演出のスイング感が聞き手を酔わせる。

⑭ 青い影
(A Whiter Shade Of Pale)

ヨハン・セバスチャン・バッハの「組曲第3番」をモチーフにゲイリー・ブルッカーが曲をキース・リードが詞を書き、67年プロコル・ハルムのレコードでヒット。68年ヘジテーション、70年R・B・グリーヴスなどのアーティストでもリバイバル・ヒットした。

ジョーの作品は (13) 同様のアサイラム・アルバムに収録、オリジナルのプロコル・ハルムのヴァージョンに近い編曲で、スローかつ美しいメロディにのってリラックスした歌声を聞かせる。彼の渋く、かすれてハスキーな声がとてもよく映えた力作だが、英米ともシングル発売は見送られた。

⑮ 悲しいうわさ
(I Heard It Through The Grapevine)

ノーマン・ホイットフィールドとバレット・ストロングが書いたR&Bの名作、最初にスモーキー・ロビンソン&ザ・ミラクルズがこの作品を歌うがヒットしなかった。続く67年にグラディス・ナイト&ザ・ピップスのレコードでヒット、以後68年マーヴィン・ゲイ、76年クリーデンス・クリアウォーター・リバイバルなどでリバイバルしている。

これもジョーのアサイラム・アルバムの収録曲、従来のオリジナルのスローな曲調を少々テンポ・アップに、荒々しく、コーラスと管楽器演奏を加え、にぎやかで熱く歌いあげている。

⑯ 愛と青春の旅だち
(Up Where We Belong)

元々は演奏楽曲、ジャック・ニッチェとバフィ・セント・メリーが書き、歌唱曲に仕立てる時にウィル・ジェニングスが加わって完成した。作品は82年公開の同名映画の主題歌である。コンサート・ツアー中のジョーが合間をぬって短時間でスタジオ・レコーディング、初顔合わせのジェニファー・ウォーンズと絶妙のコラボレーションを実現した。彼女の美しく、透明感のある歌声と、個性的で、かつ対照的な渋いジョーの声が感動的なコントラストを描いた珠玉のポップ・バラードである。82年にアイランド・レコードから発表され、男女2人の歌手には初の全米チャート1位になった。

オールマン・ブラザーズ・バンド　THE ALLMAN BROTHERS BAND

　彼らのこのデビュー作のオリジナル発売は69年。まだアメリカ南部のロックが脚光をあびる2〜3年前。日本でもオールマン・ブラザーズ・バンドの人気を突破口にサザン・ロックが70年代半ばに俄然注目の的になる。タイムリーに日本での彼らのレコード発売会社が変わったこととも相まって本作が再発。イギリスのロックに押され気味だった当時のアメリカン勢の旗頭として彼らとサザン・ロックが期待に応えて躍進した。

＜以下、1975年発売のLPに掲載された、かまち潤のライナー・ノーツより転載＞

オールマン・ブラザーズ・バンド
『オールマン・ブラザーズ・バンド』

THE ALLMAN BROTHERS BAND
THE ALLMAN BROTHERS BAND

SIDE A
1. もう欲しくない
   (DON'T WANT YOU NO MORE)
2. ノット・マイ・クロス
   (IT'S NOT MY CROSS TO BEAR)
3. 腹黒い女
   (BLACK HEARTED WOMAN)
4. トラブル・ノー・モア
   (TROUBLE NO MORE)

SIDE B
1. ハングリー・ウーマン
   (EVERY HUNGRY WOMAN)
2. 夢
   (DREAMS)
3. ウィッピング・ポスト
   (WHIPPING POST)

Produced by Adrian Barber

現代でこそアメリカ南部のロックへ、そしてその支柱的存在のオールマン・ブラザーズ・バンドへと多くの関心が集まっているが、それはこのグループに突然にして起こった悲劇と長年の経験から完成された2枚組のベスト・ライヴ・レコードから端を発したといってもあながち誤りではないだろう。アメリカで、そして日本でもそれ以後のこのグループに対する飛躍的な評価につながっていることを考え合わせれば僕がいわんとしていることが理解してもらえるだろう。

　しかし、ここ数年間でアメリカを代表するロック・バンドになったオールマン・ブラザーズ・バンドの歴史は悲喜相反する出来事から幕があがったわけではない。そう！それは1960年グレッグ・オールマンがギターを手に入れた時から。デュアン、グレッグのオールマン兄弟も予想しかねる運命という眼に見えない糸によって舞台は展開していたのである。オールマン・ブラザーズ・バンドの足跡、即ちそれは一人のロック・ギタリスト、デュアン・オールマンの歩みでもある。

　譜面の読めない偉大なギタリスト、ハワード・デュアン・オールマンは1961年、ローカルのユース・センターで音楽活動をスタートした。そして、ホット・ロッカーズ（1963）〜オールマン・ジョイ（1965）へと活動の歩を進めて行くが、実際にオールマン・ブラザーズ・バンドの音楽スタイルに近いサウンドをデュアンのギターがはじき出すのは、すでに名高いジャクソンビルでのジャム・セッションあたりからのことである。オールマン・ブラザーズ・バンドとなってからの彼らのサウンドは、その中軸のデュアンのギター・ワークをおぼろげながら知る手掛かりとなるジャクソンビル・ジャム・セッションと前後して録音された幾多のソウル・アーティスト達の作品によって、まだ未完成ながら輝きを秘めたプレイを聞きとることができる。もっともオールマン・ブラザーズ・バンド結成以前のデュアンが残した傑作となると、これまた話が違ってくるが……。

　とにかくオールマン・ブラザーズ・バンドへの布石はジャクソンビルでデュアンが音楽活動を開始した時から着々と実現に向かって進んでいた。当時セカンド・カミングというグループに籍を置いていたベリー・オークリーやディッキー・ベッツも、The 31st of Februaryのブッチ・トラックスも、この時点で自分達のバンドによる独自の音楽、そして成功をひとつひとつ互いに心の中で確かめあっていたのは疑う余地のないことであり、反面現状に決して満足していなかったことも事実だろう。ジャクソンビルでのジャム・セッションは各自の長年にわたる、おぼろげながらつかみ取ることができなかった自分達の音楽をより鮮明に打ち出したことによって、デュアンばかりでなくこのジャム・セッションに参加した全員の解消できなかった部分を完全にふっきることになった。この時、デュアン・オールマンは自分の音楽に

対する照準をオールマン・ブラザーズ・バンドに定めていたのである。

1969年半ば、デュアン・オールマン、グレッグ・オールマン、ディッキー・ベッツ、ブッチ・トラックス、ジェイ・ジョハニー・ジョンソン、ベリー・オークリーの6人はフィル・ウォルデンのキャプリコーン・スタジオがあるジョージア州メイコンに移り住んだ。そして遂に長年の努力がこのファースト・アルバム『Allman Brothers Band』で実を結んだのである。

ブルース、ソウルというベーシックな音の色彩をロック・サウンドに、かつてなく強く打ち出し、デュアン・オールマン、ディッキー・ベッツという対照的な2人のツイン・ギターの演奏を中心にまとめあげられたこのデビュー・アルバムは、かつてホワイト・ブルースと呼ばれ60年代後半にイースト・コースト一帯で活況を呈したそれよりも、僕にははるかに大きなショックを与えてくれた。

大地に頑強なまでに根をはった大樹のように、また足かせをはめられた奴隷のような、粘着質でヘヴィーなブルース・ロックを聞かせる。デビュー・アルバム、そしてオールマン・ブラザーズ・バンドが新人というハンディはあっても、ここに収録された作品自体そういう慣例的な思いを全く忘れ去ってしまう熱気にみなぎっている。

ただひとつ残念に思うことは後に発売されたフィルモアでのライヴ、デュアン・オールマンの死、というセンセーショナルな出来事により、このファーストらの彼らのスタジオ録音2枚のアルバムへの注目の度合が多少薄い印象に受け取られている点は否定できない。

しかし、あくまでもあのフィルモアでのライヴと生前のデュアン・オールマンのプレイが聞かれる2枚のスタジオ録音のアルバムは、オールマン・サウンドの線上でとやかく比較するものではないと思うのだ。

なぜなら、それはスタジオ、そしてライヴ、この基本的な条件の違いもさることながら、この2種類のアルバムに収録されている作品はほんのわずかな曲を除いて異なっていること。これは推測でしかないのだが、このほんの表面的でしかない収録作の違いは、常に彼らの流動的、柔軟で前向きな音楽に対する情熱が伺える一方で、ライヴ、スタジオ録音であろうと、それぞれにそこに完成されたサウンドが独立したひとつの音楽生命を保ち続けるという意味合いに受け取れるからである。

例えば「スティッボロ・ブルース」や「マウンテン・ジャム」などの作品はライヴでなければあれほどのエネルギーを発散できないだろう。また、このアルバムに収録の「ウィッピング・ポスト」やセカンド・アルバムの「エリザベスリードの追憶」はスタジオ録音とは趣を異にした、単に以前発表の同作品とは存在感も違う。

そうしたスタジオ録音で発表した作品をフィルモアでのライヴ・レパートリーに加えた意図が、それら甲乙付け

がたい収録作のなかでも素晴らしい。ライヴでは自分達の異なる魅力が一層際だち、それは裏を返せばオールマン・ブラザーズ・バンドの絶対的な自負なのだと思われる。

だがこの自負はバンド発足と同時に頭をもたげていたわけで、それはまだファンから注目されないこの時代のデビュー・アルバムに示されている。確かに聞けば聞くほど、ここに収録されている7曲の作品に順位は付けがたい。

これらの作品はいずれもブルース、ソウル、ロックといった音楽のそれまでに於ける理想的な音の融合状態である一方、オールマン・ブラザーズ・バンドのサウンド・イメージを、彼らの音楽を聞く全ての人々に、決定的に知らしめたものだからである。だから、個々の作品を取り上げ、あらためてとやかくいうことには意味がない。

これはあくまでも私個人の趣味的な視点から「腹黒い女」、「トラブル・ノー・モア」、「ウィッピング・ポスト」あたりの感触が好きだ。確たる理由もなく、感覚的なもので、それだけこのオールマン・ブラザーズ・バンドのデビュー・アルバムは新人という肩書きのわりには、そら恐ろしいユニークな演奏を聴かせてくれる彼らのスタートを飾るにはふさわしい、とてつもない出来栄えだからだ。

IX かまち潤のライナー・ノーツ(未発表作品も含む)

ビートルズ   THE BEATLES

　世界的に音源、映像とも発売が厳しく規制されていた時に日の目を見たビートルズの初渡米時の、貴重な初公開記録フィルム。グループ解散から20年後に、あの日、あの時を再現、同時代にリアル・タイムで彼らへの熱烈な社会の反応を体験した我々の世代には感動的。同じ時代の熱気を肌に感じ、荒々しい呼吸や動悸を記録したこの映像が、その瞬間に、至福のタイム・スリップをさせてくれる。

＜以下、1992年発売のLDに掲載された、かまち潤のライナー・ノーツより転載＞

ザ・ビートルズ
『ザ・ファーストU. S. ヴィジット』

THE BEATLES
THE FIRST U. S. VISIT

SIDE 1

- Chapter/Track ① ニューヨーク・ケネディ空港到着（'64年2月7日）
- Chapter/Track ② オール・マイ・ラヴィング
- Chapter/Track ③ ティル・ゼア・ウォズ・ユー
- Chapter/Track ④ シー・ラヴズ・ユー
- Chapter/Track ⑤ 抱きしめたい
- Chapter/Track ⑥ アイ・ソー・ハー・スタンディング・ゼア
- Chapter/Track ⑦ 彼氏になりたい
- Chapter/Track ⑧ シー・ラヴズ・ユー

SIDE 2

- Chapter/Track ① フロム・ミー・トゥ・ユー
- Chapter/Track ② ジス・ボーイ
- Chapter/Track ③ オール・マイ・ラヴィング
- Chapter/Track ④ ツイスト・アンド・シャウト
- Chapter/Track ⑤ プリーズ・プリーズ・ミー
- Chapter/Track ⑥ 抱きしめたい
- Chapter/Track ⑦ U.S.発 帰国（'64年2月21日）イット・ウォント・ビー・ロング

ポピュラー音楽が電波（＝ラジオ）を有効なメディアと認識し始めたのは約60年前である。レコードや蓄音機が高級品として扱われ、楽曲やアーティストの人気を表すヒット・チャートもない30年代に、多くの人々はラジオを通してポピュラー音楽を聞いた。

30年代はテレビやビデオがない時代、ラジオが家庭内娯楽の大きなウエイトをしめ、最も早い情報を提供する唯一の電波メディアだった。しかし、ラジオのゴールデン・イヤーズともいうべき良き時代は長くは続かなかった。メディアの活性化を促進するテレビが40年代に登場し、ポピュラー音楽業界でも同年代早々にヒット・チャートが発表されるようになった。

メディアの活性化とポピュラー音楽の発展、人気は40年代をきっかけに、さらに深く密接なものになっていった。ラジオはテレビの潜在的な脅威にいち早く対抗すべく、ポピュラー音楽番組の強化を計った。それが、しゃべり、番組の企画、構成、選曲、機器の操作を1人で担当するディスク・ジョッキーの誕生だった。

この画期的なアイデアは少々マンネリ化していたラジオ番組とポピュラー音楽、とくにヒット曲の人気を飛躍的に高めた。テレビも決してポピュラー音楽には無関心ではなく、『スティーヴ・アレン・ショー』、『ミルトン・バール・ショー』、『ヒット・パレード』などの音楽番組を放映していたが、まだラジオに対抗する力は発揮れていなかった。

ポピュラー音楽番組にかかわるラジオとテレビの熾烈な競い合いが顕著になったのは50年代半ば以降、ロックン・ロールの誕生が発端だった。ゆったりしたポップなメロディ楽曲やオーソドックスなヴォーカルから一転、ビートやリズムを強調した音楽スタイルへと流行は変化し、メディアもこの動きに触発されるかたちで番組の様相を変えていった。

テレビが視聴者の反応や社会への影響力の大きさを痛切に感じとったのがポピュラー音楽番組である。CBSのスタートまもない『ステージ・ショー』が時のロックン・ロール・アイドル、エルヴィス・プレスリーの出演を契機に高視聴率、大反響を巻き起こしたことが以後のテレビ音楽番組の方向性を示唆したといえる。

『バンドスタンド（アメリカン・バンドスタンド）』、『シンディグ』、『フラバルー』、『ホエアー・ザ・アクション・イズ』、『ハリウッド・ア・ゴー・ゴー』など、数多くの若者向きポピュラー音楽番組が50〜60年代に作られた。こうした多数のテレビ・ポピュラー音楽番組のなかで、大人から子供まで幅広い層のファンに支持され、最も古い歴史と権威をもっていたのが、個性的なエド・サリヴァンが司会進行を務めるCBS全米ネットの『エド・サリヴァン・ショー』（厳密に言えばバラエティ番組）だった。

"グレート・ストーン・フェイス"の異名で知られる新聞のコラムニスト

だったエド・サリヴァンが司会者に抜擢され、番組がスタートしたのは1948年6月20日である。『トースト・オブ・ザ・タウン』の題で放映していたが、55年9月25日の放送から正式に『ザ・エド・サリヴァン・ショー』に改められた。

このショーはエド・サリヴァンと出演者の簡単な会話とライヴからなるごくオーソドックスな公開番組だったが、アーティストや音楽ジャンルを限定しない柔軟性と厳しい選考基準が魅力だった。「番組に出演した時のエドのはげましと視聴者への彼の一言が大いなる救いだった」とは、ロックン・ロールがアメリカ社会で批判にさらされていた56年、そのショー出演後に語られたエルヴィスの言葉である。

『バンドスタンド』のように流行や人気アーティストを作り出す場ではなかったが、少なくとも『エド・サリヴァン・ショー』への出演は本物嗜好というか、アーティストにかけがえのない栄誉と自負心を与えていた。全米1位ヒットやミリオン・セラー・レコードを作ること以上に、ポピュラー音楽分野で活動するアーティストには、『エド・サリヴァン・ショー』出演は難関とされ、実現すればそれが一流スターの仲間入りを証明するものだった。

ビートルズのアメリカ進出に際してマネージャーのブライアン・エプスタインが描いた宣伝構想にもテレビ出演＝『エド・サリヴァン・ショー』がしっかり組み込まれていた。当時の彼らにとって権威や栄誉も大切な要素だったが、それ以上にこの番組への出演はそれまでアメリカで軽視され続けてきたイギリスのポピュラー音楽の独自性、真価が問われるものだった。

確かにイギリスのポピュラー音楽の歴史は全ての面でアメリカの比ではなかった。50年代にスキッフルとロックン・ロールの流行で若手スターの台頭もあり、国内の音楽状況は活気にあふれていた。イギリスのポピュラー音楽界は国内の人気、勢いをなんとかアメリカのレコード市場に持ち込めないものかと考え、粘り強い交渉をもった。国内のロックン・ロール/ポップスのアイドルはその計画にそってなんとかアメリカ・レコード・デビューにこぎつけた。トミー・スティール、マーティ・ワイルド、ビリー・フューリー、アダム・フェイス、クリフ・リチャード、ヘレン・シャピロ、シャドウズなど、ビートルズ及び60年代ビート・グループが台頭する以前のイギリス・ポピュラー音楽界を支えたスターがアメリカ進出を実現したが、結果は予想と期待に反して失敗に終った。

歌、サウンドとも新鮮味、オリジナリティに欠け、アメリカのアーティストのコピーにすぎないというのが前述アーティスト達に対する評価だった。しかしながら、イギリスのアーティストやポピュラー音楽界が全くアメリカ市場で受け入れられないわけではなかった。なんとかこの狭き門をくぐって成功したアーティストも数えるほど

いた。スキッフルのロニー・ドネガン、トラディショナル・ジャズのクリス・バーバー、アッカー・ビルク、ケニー・ボール＆ヒズ・ジャズメン、それにポップなインストゥルメンタル・バンドのトーネードースである。

ビートルズも失敗した先輩達と同じ経験をすでに味わっていた。64年の「抱きしめたい」があたかも彼らのアメリカ・デビュー・レコードのように思われているが、正式にはそれより約10ケ月前、63年2月25日に「プリーズ・プリーズ・ミー」がヴィー・ジェイから発売されていた。その後も2枚のシングルと1枚のアルバムが63年にスワンとヴィー・ジェイの2社からアメリカ市場に流れていた。

改めていうまでもなく、それらのビートルズ・レコードは64年を迎えるまで誰にも注目されず店の棚で埃をかぶっていた。

だが、エプスタインやプロデューサーのジョージ・マーティンは根気強くEMI系列のキャピトル社とビートルズ・レコードのアメリカ発売交渉を続けた。そしてようやくキャピトルからOKの返事をひきだしたのである。

このレコード発売交渉と並行して63年冬頃から密かに進められていた話が『エド・サリヴァン・ショー』出演の契約だった。アメリカでの実績がないビートルズの出演に際して、番組側は彼らのイギリス国内でのファンの反応、人気を前もって厳しくチェックした。かなりの時間をさいてエドとスタッフはビートルズの番組出演について討議した。そして得た結論が64年2月9日と16日、二度の出演契約（後に23日を追加）だった。

幸いにもビートルズのアメリカ初上陸が実現（2月7日）するより早く、ヒット・チャートでは「抱きしめたい」が全米1位に到達していた。ビートルズのアメリカ・テレビ・デビューになった『エド・サリヴァン・ショー』はまるで正確に計算されたように絶妙のタイミングで全米に放映された。

テレビというメディアが新しいポピュラー音楽の歴史的な瞬間を写し出した。64年2月9日、その日、その時、筆者が何をしていたかまったく記憶にない。日本でブラウン管を通してビートルズを見るのはもっと後である。寸分のずれもなくリアル・タイムにFENから流れるビートルズの音楽を聞き、身体の血が沸騰するという経験を初めて知った。

何だかわからない衝動が身体のなかを駆け回る！ロックン・ロール以上に刺激的でアナーキーな音楽だと思った。しかし、当時の日本のビートルズ・ファンはレコードや雑誌でしか彼らに接せられなかった。64年2月9日、筆者と同年代のアメリカ人コラムニストのボブ・グリーン（注1）は違った。彼は自宅でこの瞬間を紛れもなくテレビで見ていた。そして、"レコード、新聞の印象よりテレビで見る彼らははるかに強烈だ"と語っている。ごくありきたりな言葉だが、そこには同時代、同趣味、同世代のものにだけ通じる当時の雰囲気と感情が伝わってくる。

あれから28年、年令に関係なく誰もがリアル・タイム経験者であるような錯覚にとらわれるビートルズに出会える。『ザ・ビートルズ ザ・ファーストU. S. ヴィジット』、二度と見られないと思っていたあの歴史的瞬間を再現するまさに夢の作品である。

ここに記録されたこの日、この時の映像からビートルズの時代は始まった。"彼らはその後25年間私達の心の中に住み続けています"とは第32回グラミー賞授賞式で特別功労賞をポール・マッカートニーに手渡した際、女優のメリル・ストリープ（注2）が語った言葉である。

おそらく、この作品がどんな音楽映像より価値があり、そして見る者1人1人が特別な感情で接せられるだろう。若き日のボブ・グリーンやメリル・ストリープのように……。

(注1) ボブ・グリーン:米コラムニスト、エッセイスト、「17歳―1964年春」、「17歳―1964年秋」、「アメリカン・ヒーロー」など著書多数。日本語の翻訳本も数多く出版。

(注2) メルリ・ストリープ:米女優、77年映画デビュー、「クレイマー、クレイマー」(79年) や「ソフィーの選択」(82年) などの出演作品で3度のアカデミー主演と助演女優賞を受賞。

ザ・バンド   The Band

　手がけた数多のライナー・ノーツのなかでもひときわ印象深い1作。コマーシャルなポップスやヒット曲に育てられた私が、その間反対の彼らの音楽を語ることは当時かなりのプレッシャーを感じた。その偽らざる心境を、彼らの音楽に対する遅ればせながらの自分なりの評価を綴った。68年、ポップス〜ロックへと流行が大きく推移するなかでの彼らのこのデビュー作、いまにして思えば実に大胆でしたたかだ。

＜以下、1975年発売のLPに掲載された、かまち潤のライナー・ノーツより転載＞

ザ・バンド
『ミュージック・フロム・ビッグ・ピンク』

The Band
Music From Big Pink

〔SIDE 1〕

- 怒りの涙
  (TEARS OF RAGE)
- トゥ・キングダム・カム
  (TO KINGDOM COME)
- イン・ア・ステイション
  (IN A STATION)
- カレドニア・ミッション
  (CALEDONIA MISSION)
- ザ・ウェイト
  (THE WEIGHT)

〔SIDE 2〕

- ウィ・キャン・トーク
  (WE CAN TALK)
- ロング・ブラック・ベール
  (LONG BLACK VEIL)
- チェスト・フィーバー
  (CHEST FEVER)
- 悲しきスージー
  (LONESOME SUZIE)
- 火の車
  (THIS WHEEL'S ON FIRE)
- アイ・シャル・ビー・リリースト
  (I SHALL BE RELEASED)

Produced by john Simon

時として、自分ではわかっているつもりでも、いざ！他人にそれを伝える場合、ましてこのように対話ではなくて文章でそれを表現する場合ほど難解なことはない。下手をすれば自分でわかっている10分の1も表現しきれなくて終わってしまうおそれがあるからだ。また、うまく伝えよう、表現しょうというあせりのような気持ちが多少なりともブレーキをかけてしまう、といったことも今迄にも何度となく経験した。そしてこのザ・バンドも僕にとってはその難題に合致したグループのひとつである。

ロビー・ロバートソン、レヴォン・ヘルム、ガース・ハドソン、リチャード・マニュエル、リック・ダンコ、この5人のメンバーからなるザ・バンドのキャラクターを表現するに質実剛健、といった言葉が最も適しているのではないだろうかと、初めてこのグループの音を耳にした時から現在まで約8年間変わることなく思い続けている。どのロック・グループについてもいえることだが、特にザ・バンドに関してはありったけの適したと思われる言葉をここに列記してもそれで十分と、いえるものはない。

彼らの音楽は地味でマニアック、コマーシャルではない。にもかかわらず、どのグループにも負けない独特、かつ魅力的なキャラクターを誇示している。彼らが登場する以前のロックとの関わりあいを考えても、ヒット曲を抜きにした特定のグループへの興味は皆無に等しかった。現代と、時代も、音楽も質的な点でも異なった60年代、いわばヒット曲が絶対優勢の時代だったのだからしごく当然のことであるが……。

しかし、ロックそれ自体が60年代末期にさしかかりサウンドのなかに多様性を有して来てから、それまでの、ヒット曲が窓口、といった固定化されたパターンは大きく塗りかえられた。端境期、あるいは変革期といわれているその時代に、ザ・バンドというグループの出現があったことは今更いうまでもないことだが、それにもまして当時どのバンドも目新しいサウンドを求める傾向にあって唯一、といってもさしつかえない純なロック精神に根差した音楽を聞かせてくれた点は新鮮でもあり、また大きな驚きでもあった。

1968年半ばにして発表、1年の歳月をかけて録音されたこのデビュー・アルバム『Music From Big Pink』は予想以上に大きな反響を生んでいる。多くの音楽関係者達の間ではこのアルバムの高い音楽性が取りざたされ、ローリング・ストーン誌やヒット・パレーダー誌などではアルバムとともに、ザ・バンドの存在が大きな脚光を集める結果になった。ズングリムックリした田舎っぽくて、土の臭いが漂ってきそうなサウンド、そして無装飾の暖かな感触のヴォーカル、その表情の奥に隠れた輝き、優れたセンスは今日のアメリカを代表するグループの一組に数えられるまでになったザ・バンドの、最大の魅力＝キャラクターになっている。

ザ・バンドが創造する音楽は決して難しくも、かつゴージャスでもない。むしろロック・バンドとしてはシンプルすぎるくらいだ。だが、そのシンプルななかにも曲の構成、楽器の効果的な使われ方など、神経質とも思えるほどに計算し尽くされたものが感じられるのである。

　そしてこれを実にスムーズに配列、ザ・バンドの演奏を聞く人達に独特の暖かさ、やさしさを伝えずにはおかない、という芯の強さみたいなものを内包しているのだ。地味だが、自分達の創造する音楽に対する並々ならぬ愛情みたいなものが、単にボブ・ディランのバック・バンドではない独立した"ザ・バンド"の根強い人気を物語る点である。

　このザ・バンドの最高傑作と名高いデビュー・アルバムでも随所に彼らならではの音楽センスの良さがのぞかれる。薄暗い印象のなかにひとすじの光をのぞかせたような、途中のハミングが安息感をそそる「イン・ア・ステイション」。

　荘厳なイントロのオルガン演奏にはじまり、演奏なかばに聞かれるいささか時代めいたメロディーとの組み合わせで、過去と現代の時間の壁を乗り越えた印象の「チェスト・フィーバー」。

　オルガンとアコーディオンの演奏が醸し出す雰囲気が哀愁的な「怒りの涙」。

　叙情的なヴォーカルを聞かせるメロディアスなスロー・ナンバーの「悲しきスージー」など、それぞれに1曲1曲がユニークで、親しむほどに深く魅了される要素を持った作品ばかりである。

　なかでもザ・バンドのファンならずとも、その演奏、ヴォーカル、ともに必ずや魅了されること間違いない「ザ・ウェイト」と「アイ・シャル・ビー・リリースト」は、このグループの非凡さを如実に示した作品として多くの人々に愛聴されている。

　重厚なドラムス、ディキシーランド・タッチの軽やかなピアノ、追想的なコーラス、アコースティックな響きと、どれひとつ取り上げても申し分のない「ザ・ウェイト」、そして澄みきったピアノ演奏をバックに淡々と歌いあげられた美しいスロー・ナンバーの「アイ・シャル・ビー・リリースト」は、徐々に無味乾燥、難解になっていく当時のロック・サウンドのなかでひときわ新鮮な響きを持っていた。

　音楽活動歴の長さからすれば1968年、ザ・バンドのデビューは遅すぎた感があるかもしれない。が、このデビュー・アルバムはそうした時間の遅れを一挙に取り戻し、なお余りあるものを含んでいる。むしろ、ロニー・ホーキンスのバック～独立～ボブ・ディランとの交流、という廻り道のような活動がかえってザ・バンドの音楽を形成している。

　ホークス時代の彼らの音楽活動にあまり焦点が集まらないのも、独立してからのものとは全く異なったものであるし、ともすればディランという偉大なミュージシャンの影に、隠れてしま

う存在だったからだ。

たとえディランと活動を共にするような時代に、ザ・バンドの音楽センスが発揮されていても、それはひとたび彼の口から発せられる歌で聞き手がとらえる印象は異なる。聞き手がディランの音楽と受け取ることは当然である。

実際にはディランがあり、ザ・バンドがいたからこそアルバム『ベースメント・テープ』もそれなりの価値を持つのだが、また彼との交流がなければ彼らの音楽がこれほどの評価を得られたかどうか、どちらにしてもこのアーティスト達の65〜68年にわたる足跡は、現在の相互に価値のある活動にしめされている。

1968年に発表されたこのアルバムはザ・バンドにとり、当時の変貌するロック界にも、それぞれに重要な意味合いを含んだものである。ジャズやクラシックなどの音楽要素を積極的に取り入れようとする動きに、ストレートでハードなロックを追求する動き、あるいはそれらに逆行するように単純なリズムを主にしたバブルガム・ミュージックと、当時のロック舞台は一刻一刻がこうした要素で常に方向が変化していた。そういう状況下で、きわめて冷静に、自身に忠実なロック・サウンドを創造できたのは、おそらくこのザ・バンドをおいてほかには見当たらない。と同時に、このアルバムは70年以降のロックとは何かを、当時示した貴重な一枚なのである。

X

かまち潤が書いた主なライナー・ノーツ一覧

1973年

デヴィッド・ボウイ『デビッド・ボウイー・デビュー・アルバム』
ボーンズ『ボーンズ・デビュー』
アトランタ・リズム・セクション『非情の壁』
ママズ・アップル・パイ『ママズ・アップル・パイ・セカンド』
ヴェルヴェット・アンダーグラウンド＆ニコ
　　『ヴェルヴェット・アンダーグラウンド＆ニコ』
トーマス・ジェファーソン・ケイ『トーマス・ジェファーソン・ケイ』
オーリンズ『オルリンズ』
ニュー・ライダース・オブ・ザ・パープル・セイジ
　　『パナマ・レッドの大冒険』
ロングダンサー『ロングダンサー』
ロギンズ＆メッシーナ『フル・セイル』
フックフット『怒号』
ビーチ・ボーイズ『ペット・サウンズ』
シャイ・コルトレーン『愛の始まり』

1974年

シャ・ナ・ナ『憧れのホット・ソックス』
キキ・ディー『ラヴィン・アンド・フリー』
ニュー・バース『永遠の炎』
テヴィッド・ブロムバーグ『ニューヨークのおたずね者』
アルヴィン・スターダスト『アンタッチャブル』
ボズ・スキャッグス『シスコの顔役』
ゲス・フー『ロード・フード』
ブラッド・スエット＆ティアーズ『血と汗と涙』
ピーター・スケラーン『友あればこそ』
ナイジェル・オルソン『ナイジェル・オルソン』
レッドボーン『レッドボーン　この妖しいリズムの世界』
ロジャー・マッギン『ピース・オン・ユー』
シェール『シェール・グレイテスト・ヒッツ』
トレメローズ『シャイナー』

スモーキー・ロビンソン『ピュア・スモーキー』

1975年

キキ・ディー『歌は恋人』
ルベッツ『シュガー・ベイビー・ラヴ〜トゥナイト』
Various Artists『モア・アメリカン・グラフィティ』
ポール・アンカ『フィーリングス』
モーリン・マクガヴァン
　　『「タワーリング・インフェルノ」〜愛のテーマ　わたしの勲章』
リンジー・ディ・ポール『可愛い女』
ボブ・シーガー『美しき旅立ち』
トム・パクストン『サムシング・イン・マイ・ライフ（すばらしいできごと）』
マイク・ストーリー・バンド『誰がために・・・』
ジョン・ドーソン・リード『友に捧げるバラード』
バリー・ホワイト『恋のときめき』
グランド・ファンク『グランド・ファンク・ツアー '75』
オールマン・ブラザーズ・バンド
　　『オールマン・ブラザーズ・バンド』『アイドルワイルド・サウス』
G・C・キャメロン『愛の詩と悲劇』
ハドソン・ブラザーズ『ハドソン・ブラザーズ』
ザ・バンド
　　『ミュージック・フロム・ビッグ・ピンク』『ムーンドッグ・マチネー』『南十字星』
トム・フォガティ『マイオピア』
トニー・オーランド＆ドーン『ベスト』
ジーン・ピットニー『ピットニー・'76』
スイート『ライヴ・アンド・ベスト』
オズモンズ『プラウド・ワン』
マクギネス・フリント『セ・ラ・ヴィ』

1976年

ルベッツ『ルベッツⅢ 恋のロンドン・ブギー』『ベスト・オブ・ルベッツ』

クリーデンス・クリアウォーター・リバイバル『クリーデンス・ゴールド』
ラヴ・アンリミテッド『愛のテーマ〜ベスト・オブ・ラヴ・アンリミテッド』
ボブ・シーガー『ライヴ』『炎の叫び』
スティーヴ・ミラー『鷲の爪』
ボニー・ブラムレット『レディース・チョイス』
グランド・ファンク『グランド・ファンク・ヒッツ』
リック・ネルソン『シングス・フォー・ユー』
スティーヴン・スティルス
　　『偉大なるギタリスト〜スティーヴン・スティルスの歩み』
ボビー・ヴィントン『ハート・オブ・ハーツ』
ザ・バンド『軌跡』
Various Artists『アメリカン・グラフィティ Vol.III』
ポール・アンカ『想い出よいつまでも』『孤独のペインター』
コットン、ロイド＆クリスチャン『アイ・ゴー・トゥ・ピーセス』
プラット＆マクレーン『ハッピー・デイズ〜プラット＆マクレーン登場』

1977年

ラム・ジャム『ブラック・ベティ』
バディ・ホリー『ザットル・ビー・ザ・デイ』
Various Artists『ABC パラマウント・オールディーズ・ヒッツ Vol.1 〜 3』
Various Artists『Dot オールディーズ・ヒッツ Vol.1 〜 3』
ビル・ヘイリー『ロックン・ロール・スター』
ジミー・バフェット『カンバーランドの祝祭』
コニー・フランシス『コニー・フランシス大全集』
ニール・セダカ『サウンズ・オブ・セダカ』
アバ『アライバル』
イングランド・ダン＆ジョン・フォード・コリー『二人のフェリー・ロード』
ドクター・フック『われらのパラダイス』
ギルバート・オサリヴァン『アイム・ア・ライター（1本のペンがあれば）』
ワンダ・ジャクソン『ワンダ・ジャクソン・ロックン・ロール・ベスト20』
メラニー『キャンドル・イン・ザ・レイン』
オリジナル・ロンドン・キャスト『オブリオの不思議な旅』

オズモンズ『ブレイン・ストーム』
スティーヴ・ミラー・バンド『すばらしき新世界』
ビーチ・ボーイズ『サーフィンU. S. A.』
ニール・セダカ『恋のアマリロ』

1978年

パット・ブーン『パット・ブーン・オリジナル・ヒット大全集（1）～(3)』
テン・イヤーズ・アフター『ポジティヴ・ヴァイブレーション』
C・W・マッコール『ブラック・ビア・ロード』
サウンドトラック『FM』
トリニ・ロペス『ラスト・ダンスは私に』
アンディ・ギブ『シャドー・ダンシング』
ラトルズ
　　『ラトルズがやってきた　オール・ユー・ニード・イズ・キャッシュ（四人もアイドル）』
アラン・クラーク『失恋専科』
ゲス・フー『キャンド・ヒート』
ゲーリー・ルイス＆ザ・プレイボーイズ『ゴールデン・グレイツ』
ビー・ジーズ『アイデア』『トゥー・イヤーズ・オン』『トラファルガー』
ボビー・ヴィー『ゴールデン・グレイツ』
トミー・ジェイムス＆ザ・ションデルス
　　『ベスト・オブ・トミー・ジェイムス＆ザ・ションデルス』
ロニー・ミルサップ『ただ一つの恋』
ディオンヌ・ワーウィック『ディオンヌ・ワーウィックのすべて』
ファットバック・バンド『アイ・ライク・ガールズ』
ミーコ『オズの魔法使い』
サウンドトラック『アニマル・ハウス』
ロイ・ブキャナン『ベリー・ベスト・オブ・ロイ・ブキャナン』
ロッド・アージェント『ムービング・ホーム』

1979年

ゲス・フー『ゲス・フーズ・バック』

エグザイル『エグザイル・ファースト』
ママス&パパス『夢のカリフォルニア』
フィフス・ディメンション『輝く星座』
バーケイズ『楽園の輝き』
ブラウンズ『ザ・ブラウンズ・ベスト』
サウンドトラック『カリフォルニア・ドリーミング』
バーバラ・マンドレル『愛のムード』
ジミー・バフェット『ボルケーノ』
ジェファソン・スターシップ
　　『ゴールド／ベスト・オブ・ジェファソン・スターシップ』
ファラガーズ『ザ・ファラガーズ』
サウンドトラック『グローイング・アップ2 ゴーイング・ステディ』
グラス・ルーツ『グラス・ルーツ・ベスト・ヒット・セレクション』
スリー・ドッグ・ナイト
　　『スリー・ドッグ・ナイト・ベスト・ヒット・セレクション』
モンキーズ『ザ・ベスト』
サウンドトラック『モア・アメリカン・グラフィティ』
リンジー・ディ・ポール『ハリウッド・ロマンス』

1980年

ウェイロン・ジェニングス『栄光の荒鷲』
アバ『アバ』★
トミー・ジェイムス『3つの恋のメロディー』
ニール・セダカ『面影は永遠に』
フランキー・ヴァリ『ザ・ベリー・ベスト・オブ・フランキー・ヴァリ』
ジミー・ラフィン『サンライズ』
メアリー・マッグレガー『愛の想い出』
シャドウズ『チェンジ・オブ・アドレス』
キャンド・ヒート『ブギーの条件』
ハッスルズ『ザ・ハッスルズ～ビリー・ジョエル・イン・ザ・ビギニング Vol.2』
キャプテン&テニール『愛の証し』
ジミー・バフェット『ハヴァナへの回想』

1981年

チップマンクス『チップマンクス・シングス・ザ・ビートルズ』
リック・ネルソン『アルバム・セブン・バイ・リック』
テディー・ベアーズ『テディー・ベアーズ』
ゲイリー・ルイス＆ザ・プレイボーイズ『恋のダイアモンド・リング』
ジャン＆ディーン『ドラッグ・シティー』
ドリー・パートン『アメリカン・ドリーム』
フリートウッズ『ミスター・ブルー』
ジョニー・バーネット『ジョニー・バーネット・ストーリー』
ジョニー・リヴァース『ジョニー・リヴァース・ストーリー』
ニューヨーク・ロックン・ロール・アンサンブル
　　『ニューヨーク・ロックン・ロール・アンサンブル』
ヴェルヴェッツ『ザ・ヴェルヴェッツ全曲集』
ポール・アンカ『オリジナル・ポール・アンカ・コレクション Vol.1 〜 2』
スターズ・オン『ショッキング・アバ33』

1982年

ブルース・プロジェクト
　　『ライヴ・アット・ザ・カフェ・ア・ゴー・ゴー』『プロジェクション』
オークリッジ・ボーイ『愛しのボビー・スー』
エルヴィス・プレスリー『夢の渚〜ラスベガス万才』
ニコ『チェルシー・ガール』
リック・ジェイムス『ガーデン・オブ・ラブ』
サイモン＆ガーファンクル『イン・セントラルパーク』★
バリー・マクガイアー『明日なき世界』
Ｐ・Ｆ・スローン『孤独な世界〜 12モア・タイムズ』
フェビアン『フェビアン・グレーテスト・ヒッツ Vol.1』
フランキー・アヴァロン
　　『フランキー・アヴァロン・グレーテスト・ヒッツ Vol.1』
チップマンクス『チップマンクス映画大会』
エルヴィス・プレスリー『キッスン・カズン』『青春カーニバル』
サウンドトラック『グローイング・アップ〜ラスト・バージン』

1983年

マリアンヌ・フェイスフル
  『妖精の歌〜マリアンヌ・フェイスフル、フォーク・ソングを歌う〜』
シーナ・イーストン『ライヴ・アット・ザ・パレス』★
リトル・エヴァ『ロコ・モーション』
スティーヴィー・ニックス『イン・コンサート』★
T・レックス『ベスト・オブ・T.Rex』
ロニー・ミルサップ『キード・アップ』
キンクス『フェイス・トゥ・フェイス』
サウンドトラック『グローイング・アップ4〜渚のデート』

1984年

サウンドトラック『ボーイ・ハント』
ドリー・パートン『ラスト・ダンスは私に』
サウンドトラック『グローイング・アップ5〜ベイビー・ラブ』

1985年

ルウ・クリスティ『恋のひらめき』
コンウェイ・トゥイッティ
  『コンウェイ・トゥイッティ・グレイテスト・ヒッツ』
ジミー・ジョーンズ『グッド・タイミング』
アニマルズ『ウィンズ・オブ・チェンジ』
サウンドトラック『グローイング・アップ6〜恋のネイビー・ブルー』
エルヴィス・プレスリー『コンプリート・シングルズ』

1986年

ジャン&ディーン『シルヴァー・サマー／ジャン&ディーン・トゥデイ』
アバ『アバ・ベスト・ライヴ』
ペトゥラ・クラーク『ペトゥラ・クラークのヒット・パレード』
アルヴィン・リー『デトロイト・ディーゼル』

X かまち潤が書いた主なライナー・ノーツ一覧

1987年
ゴードン・ライトフット『ベスト・オブ・ゴードン・ライトフット』●
Various Artists『オリジナル全米トップ・ヒッツ25 Vol.1〜3』●

1988年
サウンドトラック『ラ・バンバ・Vol.2』●

1989年
サウンドトラック『スキャンダル』●
Various Artists『アメリカン・トップ40 Vol.1〜5』●
ロイヤル・リヴァプール・フィルハーモニー管弦楽団
　　『ザ・ビートルズ・コンチェルト』●

1990年
クロスビー、スティルス＆ナッシュ
　　『ロング・タイム・カミン〜ヒストリー '69〜'90』★
Various Artists『ダーティ・ダンシング・ライヴ・コンサート』★
スティーヴ・ミラー『ジョーカー』●
Various Artists『オリジナル・オールディーズ・ヒッツVol.1〜5』●
マンフレッド・マン『ベスト』●
映画『ミシシッピー・バーニング』★

1991年
ケニー・ロジャース『ケニー・ロジャース・アンド・フレンズ』★
ニルス・ロフグレン『ライヴ』★
ルー・ロウルズ『ルー・ロウルズ・ショウ』★
アル・スチュアート『イヤー・オブ・ザ・キャット』●
ライチャス・ブラザーズ『ムーングロウ・イヤーズ』●

1992年
ビートルズ『ザ・U. S. ファースト・ヴィジット』★
アバ『アバ・ゴールド／グレイテスト・ヒッツ』★

ハーブ・アルパート＆ザ・ティファナ・ブラス
『クリスマス・アルバム』●
テンプテーションズ『クラウド・ナイン』●
スプリームス『ラヴ・チャイルド』●
リンダ・ロンシュタット『リンダ・ロンシュタット』●
アバ『恋のウォータールー』『リング・リング』『グラシアス・ポル・ラ・ムシカ』●

1993年

Various Artists『モータウン25No.1ヒッツ』●
ジュニア・ウォーカー『ショットガン』●
スプリームス『またいつの日にか』●
映画『ボディガード』★
セルジオ・メンデス＆ブラジル'66
　『マシュ・ケ・ナダ』『フール・オン・ザ・ヒル』『恋のおもかげ～ルック・アラウンド』『コンスタント・レイン～分岐点』●
ハンブル・パイ
　『大地と海の歌』『ロック・オン』『ロッキン・ザ・フィルモア』『イート・イット』『サンダーボックス』『ストリート・ラッツ』『スモーキン』●
エディ・コクラン
　『シンギン・トゥ・マイ・ベイビー』『ネバー・トゥ・ビー・フォーゴトン』『オン・エアー！』●
スティーヴ・マリオット『マリオット』●
ピーター・フランプトン『アイム・イン・ユー』●
ボサ・リオ『サン・ホセへの道』●
ビー・ジーズ
　『ファースト』『ホリゾンタル』『アイディア』『オデッサ』『キューカンバー・キャッスル』『トゥー・イヤーズ・オン』『トラファルガー』『トゥ・フーム・イット・メイ・コンサーン』『ライフ・イン・ア・ティン・キャン』『ミスター・ナチュラル』『メイン・コース』『チルドレン・オブ・ザ・ワールド』『失われた愛の世界』『リヴィング・アイズ』『ビー・ジーズ・グレイテスト・ライヴ』●

Various Artists『Pops Inn Jukebox』●
バート・バカラック『グレイテスト・ヒッツ』●

1994年

ニール・セダカ『ライヴ・アット・バーミンガム』★
フランキー・ヴァリ&ザ・フォー・シーズンズ『イン・コンサート』★
サウンドトラック『再会の時』●
セルジオ・メンデス『愛をもう一度』『オリンピア』●
マーサ&ヴァンデラス『マーサ&ヴァンデラス・グレイテスト・ヒッツ』●
スプリームス『スプリームス・グレイテスト・ヒッツ』●
ボブ・シーガー『ナイト・ムーヴス』●

1996年

Various Artists『BOW WOW TV』●
ライチャス・ブラザーズ
　　『フィル・スペクター・プレゼンツ・ライチャス・ブラザーズ』●
オズモンズ・ファミリー『グレイテスト・ヒッツ』●

1997年

Various Artists『BOW WOW TV2』●
レイ・スティーヴンス『グレイテスト・ヒッツ』●

2000年

Various Artists
　　『ロックン・ロール・ゴールドマイン〜レジェンド・サウンド』
　　『ロックン・ロール・ゴールドマイン〜ジーニアス・サウンド』▲
ジャーニー
　　『ザ・ジャーニー・コンティニューズ〜コンプリート・ベスト』●

2001年

映画『カラーに口紅』▲

2004年

レイ・チャールズ『プレミアム2ライブ』▲
ジェームズ・ブラウン『ライヴ・アット・チャスティン・パーク』▲

2005年

サークル『レッド・ラバー・ボール』●
ディオン『ルビー・ベイビー』●
ゲイリー・パケット&ザ・ユニオン・ギャップ
　『ザ・ユニオン・ギャップ』●
ポール・リヴィア&ザ・レイダーズ『ヒア・ゼイ・カム！』●
ロイ・オービソン『オービソングス』●

【注】★＝LD、●＝CD、▲＝DVD、それ以外はアナログ・レコード

※タイトル、アーティストの名称等は、ライナー・ノーツが書かれた当時のものを掲載しております。

【著者略歴】

かまち 潤（かまち じゅん）

テレビ、ラジオ等の制作・企画・構成、各種イベントのプロデュース、40年にわたり雑誌の企画・編集・執筆等で活躍。レコード蒐集家でもあり、膨大なアナログレコード、CDのコレクションを持つ。
主な著書に『ヒット・パレード黄金時代』（シンコー・ミュージック）、『クリスマス・ソングのすべて』（小学館）、『20世紀ポップス名曲事典』（平凡社）、『洋楽アルバム千枚漬』（小学館プロダクション）、『死ぬまでに聴け！バラード200』（青弓社）、『ネーム・ゲーム〜ロックの履歴書』（小学館文庫）、『デス・ファイル・オブ・ロック』『ロック・ギタリストまるかじり』（いずれも彩流社）、『ゴールデン・メモリーズ・オブ・ロック』（メディア総合研究所）、『洋楽名盤の広告デザイン』（グラフィック社）などがある。

ライナー・ノーツってなんだ!?

発行日　2017年3月1日　初版第1刷

著　者　かまち潤
発行人　茂山和也

発行所　株式会社 アルファベータブックス
　　　　〒102-0072 東京都千代田区飯田橋2-14-5 定谷ビル
　　　　Tel 03-3239-1850　Fax 03-3239-1851
　　　　website http://ab-books.hondana.jp/
　　　　e-mail alpha-beta@ab-books.co.jp

印　刷　株式会社エーヴィスシステムズ
製　本　株式会社難波製本
ブックデザイン　春日友美
編　集　春日俊一
©Kamachi Jun 2017, Printed in Japan
ISBN 978-4-86598-028-8　C0073

定価はダストジャケットに表示してあります。
本書掲載の文章及び写真・図版の無断転載を禁じます。
乱丁・落丁はお取り換えいたします。

アルファベータブックスの本

実相寺昭雄 才気の伽藍　ISBN978-4-86598-024-0 C0374（16・12）
鬼才映画監督の生涯と作品　　　　　　　　　　　　　　　　　樋口尚文 著

『ウルトラマン』『帝都物語』『オーケストラがやってきた』…テレビ映画、映画、クラッシック音楽などさまざまな分野で多彩な活動を展開した実相寺昭雄。実相寺と交流のあった気鋭の評論家が、作品を論じつつ、その生涯と作品を、寺院の伽藍に見立てて描く。初めて公開される日記、絵コンテ、スナップなど秘蔵図版多数収録。　A5判上製　定価2500円＋税

昭和演歌の歴史　ISBN978-4-86598-023-3 C0073（16・11）
その群像と時代　　　　　　　　　　　　　　　　　　　　　　菊池清麿 著

添田啞蟬坊、鳥取春陽、阿部武雄、大村能章、船村徹、遠藤実……そして、昭和三〇年代から四〇年代にかけて、美空ひばりを頂点にした昭和演歌の隆盛の時代を迎えるまでの、その群像と時代、昭和演歌の歴史を綴る。明治・大正・昭和の日本演歌史年譜（主要ヒット曲一覧入り）付！！　A5判並製　定価3800円＋税

ゴジラ映画音楽ヒストリア　ISBN978-4-86598-019-6 C0074（16・08）
1954 − 2016　　　　　　　　　　　　　　　　　　　　　　　　小林淳 著

伊福部昭、佐藤勝、宮内國郎、眞鍋理一郎、小六禮次郎、すぎやまこういち、服部隆之、大島ミチル、大谷幸、キース・エマーソン、鷺巣詩郎……11人の作曲家たちの、ゴジラとの格闘の歴史。音楽に着目したゴジラ映画通史。
　　　　　　　　　　　　　　　　　　　　　　　　四六判並製　定価2500円＋税

『イムジン河』物語　ISBN978-4-86598-018-9 C0073（16・08）
〝封印された歌〟の真実　　　　　　　　　　　　　　　　　　喜多由浩 著

ザ・フォーク・クルセダーズのレコード発売中止騒動から半世紀。当事者が明かした「本当の舞台裏」。歌の復活劇を描く渾身のドキュメント！　母国「北朝鮮」で忘れ去られ、数十年も「闇」に閉じ込められた歌は放送禁止歌ではなかった……。貴重な写真と楽譜付。　　　　　　　　　　四六判並製　定価1600円＋税

パリの空の下《演歌》は流れる　ISBN978-4-86598-016-5 C0073（16・07）
僕の音楽遍歴　　　　　　　　　　　　　　　　　　　　　　　吉田進 著

演歌や蟬の声、能などにインスピレーションを受けた作品がなぜフランスで高い評価を得ているのか。西洋と東洋を超えた本質的な音へ突き進む孤高の作曲家が創作や師オリヴィエ・メシアンそして東西の文明について熱く語る！
　　　　　　　　　　　　　　　　　　　　　　　　四六判上製　定価2500円＋税